생활에 필요한 지혜와 조상들의 해학이 담겨 있는

속담풀이

이재광 엮음

지식서관

속담풀이

엮은이/이재광
펴낸이/이홍식
발행처/도서출판 지식서관
등록/1990.11.21 제96호
주소/경기도 고양시 덕양구 고양동 31-38
전화/031)969-9311(대)
팩시밀리/031)969-9313
e-mail/jisiksa@hanmail.net

초판 1쇄 발행일 / 2008년 9월 20일
초판 7쇄 발행일 / 2022년 4월 20일

머 리 말

 사람들의 마음에 넉넉함과 지혜를 길러 주는 속담. 반만 년을 이어 온 조상들의 빛나는 지혜와 삶의 멋이 가득 담겨 있는 속담을 우리 생활 속에서 잘 사용하면 훌륭한 표현 수단이 될 뿐만 아니라 우리들에게 생활의 올바른 길잡이가 되어 줄 것입니다.

 속담을 적절히 인용하면 효과적으로 의미를 전달할 수 있고 교양이 높아집니다. 자주 읽고 사용하여 속담 속에 숨어 있는 해학을 효과적으로 표현하면 넉넉한 마음과 함께 풍요로운 생활을 영위해 나갈 수 있을 것입니다.

 아무쪼록 많은 속담을 익혀 멋진 언어 생활을 만들어 가기를 기원합니다.

차 례

머리말 3

㉮ 6 ㉯ 39

㉰ 55

㉱ 74 ㉲ 91

㉳ 111 ㉴ 132

㉵ 164 ㉶ 186

㉷ 191 ㉸ 195

㉹ 198 ㉺ 204

생활에 필요한 지혜와 조상들의 해학이 담겨 있는

속담풀이

*가갸 뒷자도 모른다
 아주 무식하다는 뜻. 또는 속내를 전혀 모르고 있다는 말이다.

*가까운 길 버리고 먼 길로 간다
 자신에게 이익이 되는 일은 뒤로 미루어 놓고 오히려 해가 되는 일을 하려 한다는 뜻.

*가까운 남이 먼 친척보다 낫다
 이웃에서 서로 가까이 친하게 지내면, 먼 데 있는 친척보다 더 친근하게 된다는 뜻.

*가까운 데 집은 깎이고 먼데 절은 비친다
 가까운 데 것은 눈에 익어서 좋게 보이지 않고, 먼데 것은 훌륭해 보인다는 뜻.

*가까운 제 눈썹 못 본다
  멀리 있는 것은 잘 보면서도 자기 눈앞에 가까이 있는 것은 잘 못 본다는 뜻.

*가깝던 사람이 원수 된다
  친하지 않은 사람이 서운한 행동을 하면 당연하게 생각되지만 친한 사람이 섭섭하게 하면 몹시 분하여 원수처럼 된다는 뜻.

*가난 구제는 나라도 어렵다
  가난한 사람의 구제는 나라의 힘으로도 어렵다는 말. 그러므로 한 개인의 힘으로는 곤란하다는 뜻.

*가난도 비단 가난
  아무리 가난해도 체통을 잃지 않고 견딘다는 뜻.

*가난도 스승이다
  가난하면 이를 이겨내려는 의지와 노력이 생기므로 가난이 주는 가르침이야말로 참 스승이라고 할 수 있다는 뜻.

*가난이 원수다
  일상적으로 불행하다고 생각되는 일은 거의 경제적으로

여유가 없기 때문에 일어난다는 뜻.

*가난한 놈은 앓을 새도 없다
　구차한 생활을 하는 가난한 사람은 돈을 벌기 위해 열심히 일을 하지 않으면 안 되기 때문에 한눈 팔 여유가 없다는 뜻.

*가난한 양반 씨나락 주무르듯
　한없이 주물럭거리고만 있음을 비꼬아 하는 말.

*가난한 집 제삿날 돌아오듯 한다
　조상의 제사도 지낼 형편이 안 되는 집에 제삿날이 자주 돌아오면 얼마나 걱정이 될까? 즉, 괴로운 일이 자주 돌아온다는 뜻.

*가난한 집 형제는 우애가 좋다
　잘사는 집의 형제들은 흔히 재산 다툼으로 우애가 좋지 못한 경우가 많지만 가난한 집의 형제들은 서로 돕고 살기 때문에 대체적으로 우애가 좋다는 뜻.

*가난할수록 기와집 짓는다
　가난한 사람이 남에게 잘 사는 것처럼 보이려고 겉치장

을 한다. 가난할수록 잘 살아 보려고 큰 일에 손댄다는 뜻.

*가난 적 친구가 참 친구다
 가난할 적에 서로 고생하며 의지하고 도우던 친구는 평생 동안 잊을 수 없다는 뜻.

*가는 날이 장날이다
 우연히 갔다가 공교로운 일을 만났을 때를 이르는 말.

*가는 년이 물 길어다 놓고 갈까?
 일을 그만두고 가는 사람이 내일 해야 할 일, 즉 뒷일을 생각하고 일하지 않는다는 뜻.

*가는 떡이 커야 오는 떡도 크다
 내가 남에게 후하게 베풀면 그도 나에게 후하게 보답한다는 뜻.

*가는 말에 채찍질한다
 잘 달리고 있는 말에 채찍질을 한다는 말로, 잘 하고 있는 일을 더 잘 하도록 격려한다는 뜻. 닫는 말에 채찍질한다.

*가는 말이 고와야 오는 말도 곱다

　내가 남에게 잘 해야 남도 나에게 잘 한다는 말이다. 즉, 내가 다른 사람에게 고운 말을 하면 상대도 고운 말을 하고, 상대방에게 거친 말을 하면 상대방도 나에게 거친 말을 하게 된다는 뜻.

*가는 방망이 오는 홍두깨

　방망이로 남을 때리면 그 사람은 홍두깨로 나를 때린다는 말로서, 내가 남에게 조금 잘못하면 나에게는 더 큰 해가 돌아온다는 뜻.

*가는 세월 오는 백발

　세월이 가면 누구나 늙기 마련이라는 뜻.

*가는 손님 뒤꼭지 예쁘다

　몹시 바쁘거나 또는 가난하여 손님을 제대로 대접하기 곤란한 경우에, 주인의 마음을 알아차려 이내 가는 손님이 고맙게 여겨진다는 뜻.

*가는 토끼 잡으려다 잡은 토끼 다 놓친다

　욕심을 내어 한꺼번에 여러 가지 일을 하려다가 도리어 이루어 놓은 일까지 망치게 된다는 뜻.

*가랑비에 옷 젖는 줄 모른다

 시원찮게 오는 가랑비에 자기도 모르게 옷이 젖는다는 말로서, 조금씩조금씩 없어지는 줄 모르게 재산이 줄어든다는 뜻.

*가랑잎이 솔잎더러 바스락거린다고 한다

 솔잎보다 더 마른 가랑잎이 덜 바스락거릴 리가 있는가? 그런데 도리어 솔잎더러 바스락거린다고 나무란다는 말이니, 자기 결점은 모르고 다른 사람을 탓한다는 뜻. 똥 묻은 개가 겨 묻은 개 나무란다.

*가루는 칠수록 고와지고 말은 할수록 거칠어진다

 가루는 채로 칠수록 고와지지만 말은 이 입에서 저 입으로 옮겨갈수록 보태져서 점점 거칠게 변해 간다는 뜻.

*가마 타고 시집가기는 다 틀렸다

 일이 잘못되어 제대로의 격식을 차릴 수 없게 되었다는 말.

*가문 덕에 대접 받는다

 좋은 가문에 태어난 덕분에 변변하지 못한 사람이 대우를 받는다는 뜻.

*가물에 돌 친다

　가물어서 물이 없을 때에 강바닥에 있는 돌을 미리 치워서 큰물 피해를 막자는 뜻으로, 무슨 일이든지 미리 대비하는 것이 하기도 쉽고 효과도 크다는 뜻.

*가물에 콩 나듯

　가물 때 콩이 드문드문 나는 것과 마찬가지로, 무슨 일이 드문드문 생길 때 쓰는 말.

*가뭄 끝은 있어도 장마 끝은 없다

　한해(旱害)보다 수해(水害)가 더 큰 피해를 입힌다는 뜻.
불난 끝은 있어도 물난 끝은 없다.

*가을에는 부지깽이도 덤벙인다

　추수하는 가을에는 매우 바쁘다는 뜻.

*가재는 게 편이다

　가재는 게와 모양이 비슷하기 때문에 게 편을 든다는 말로서, 서로 인연 있는 사람끼리 한편이 된다는 뜻.

*가지 많은 나무 바람 잘 날 없다

　가지가 많은 나무는 늘 바람에 흔들린다는 뜻으로, 자식

을 많이 둔 부모는 근심이 그칠 날이 없음을 가리키는 말.

*간에 붙고 염통에 붙는다
 자기 이해만 따져 체면과 인격은 돌보지 않고, 자기에게 이로운 데로만 붙어 아첨하는 사람을 두고 이르는 말.

*간에 기별도 안 간다
 음식을 조금 먹어서 양에 차지 않는다는 뜻.

*갈수록 태산이라
 어려운 고비를 당하였는데다, 일이 점점 더 어려워진다는 뜻. 산 넘어 산이다.

*감꼬치의 곶감 빼 먹듯
 있는 재물을 늘리기는커녕 하나씩 하나씩 축내며 살아가는 모양을 이르는 말.

*감나무 밑에 누워도 삿갓 미사리를 대어라
 아무리 좋은 기회라 하더라도 그것을 놓치지 않으려는 노력이 있어야 한다는 말.

*값도 모르고 싸다 한다
  속내도 잘 모르면서 이러니저러니 참견하려 든다는 말.

*값싼 것이 비지떡
  무슨 물건이고 값이 싸면 품질이 좋을 수 없다는 뜻.

*갓 쓰고 자전거 탄다
  갓을 쓰고 자전거를 타면 얼마나 우스꽝스러울 것인가? 제격에 맞지 않는 일을 한다는 뜻.

*강물도 쓰면 준다
  강의 물은 한없이 많은 것 같지만 그것도 자꾸 쓰면 줄어든다는 말로서, 아무리 많아도 헤프게 쓰지 말고 아껴 써야 한다는 뜻.

*강아지 똥은 똥이 아닌가
  다소의 차이는 있을지라도 그 본질에 있어서는 다를 것이 없다는 말.

*강원도 포수
  강원도에는 산이 많기 때문에 포수가 한번 들어가는 것은 보았지만, 좀처럼 나오는 것은 못 본다는 뜻으로, 밖에

나갔다가 한참 만에 돌아오는 사람을 두고 이르는 말. 함흥차사(咸興差使).

*같은 값이면 다홍 치마

  이왕에 값이 똑같으면 더 좋은 물건을 가지겠다는 뜻. 같은 값이면 과붓집 머슴살이

*개 꼬리 삼 년 두어도 황모 못 된다

  본바탕이 좋지 않은 것은 어떻게 해도 그 본질이 좋아지지 않음을 비유적으로 이르는 말로서, 본래의 제 천성은 고치기 어렵다는 뜻.

*개 눈에는 똥만 보인다

  자기가 어떤 물건을 몹시 좋아하면, 모든 물건이 다 그 물건으로만 보인다는 뜻.

*개 머루 먹듯 한다

  뜻도 모르면서 아는 체함을 이르는 말. 또는 내용이 틀리거나 말거나 건성건성 일을 해치움을 이르는 말.

*개 못된 것은 들에 가 짖는다

  제 밥 먹고 쓸데없는 짓만 하고 다니는 사람을 비꼬아 이

르는 말.

*개 못된 것은 부뚜막에 올라간다
  제 구실도 제대로 못 하는 사람이 오히려 미운 짓만 골라서 한다.

*개 발에 편자
  말굽에 붙이는 편자가 개 발에 맞을 리가 있을까? 무슨 일이고 그 격에 어울리지 아니함을 두고 이르는 말.

*개 밥에 도토리
  개는 도토리를 먹지 않으니, 개 밥에 든 도토리는 결국 도토리만 남게 된다. 자기만이 외톨이가 될 때 쓰는 말.

*개 보름 쇠듯
  잘 먹고 잘 입을 명절 같은 때에도 잘 먹지 못하고 지낼 때 이르는 말.

*개 장수도 올가미가 있어야 한다
  무슨 일에나 거기에 필요한 준비와 기구가 있어야 한다는 뜻.

*개 털에 벼룩 끼듯 한다
 좁은 데에 많은 것이 몰려 있음을 이르는 말.

*개 팔자가 상팔자라
 놀고 있는 개가 부럽다는 뜻으로, 분주하고 고생스러울 때 하는 말.

*개가 똥을 마다한다
 평소에 좋아하던 것을 뜻밖에도 사양함을 보고 천하게 이르는 말.

*개가 웃을 일이다
 말 같지도 않은 같잖은 일이라는 뜻.

*개같이 벌어서 정승같이 쓴다
 벌 때는 일의 좋고 나쁜 것을 가리지 않고 아무렇게나 벌어도 쓸 때는 빛이 나게 쓴다는 뜻.

*개구리 낯짝에 물 붓기
 물에 사는 개구리의 낯에 물을 끼얹어 보았자 개구리가 놀랄 일이 아니라는 뜻으로, 어떤 자극을 주어도 그 자극이 조금도 먹혀 들지 않음을 이르는 말.

*개구리 올챙이 적 생각 못 한다
  자기의 지위가 높아지면 옛날에 지위가 낮을 때와 어려울 때 생각을 못 한다는 뜻.

*개구리 주저앉는 뜻은 멀리 뛰자는 뜻이다
  어떤 큰 일을 하기 위한 준비 태세가 언뜻 보기에는 못나고 어리석어 보일 수 있음을 비유적으로 이르는 말.

*개구리도 옴쳐야 뛴다
  아무리 급하더라도 일을 이루려면 마땅히 그 일을 위하여 준비할 시간이 있어야 함을 이르는 말.

*개구멍에 망건 치기
  남에게 빼앗길까 봐 겁을 내어 막고 있다가, 막던 그 물건까지 잃게 됨을 이르는 말.

*개똥밭에도 이슬 내릴 날이 있다
  역경에 처해 있는 사람도 좋은 날을 만날 때가 있다는 말. 쥐구멍에도 볕들 날이 있다.

*개구멍으로 통량갓을 굴려 낼 놈이다
  교묘한 수단으로 남을 잘 속이는 사람을 두고 이르는 말.

*개도 닷새가 되면 주인을 안다

  개도 은혜를 베푼 사람을 알아보는데 어찌 사람이 은혜를 모르겠는가.

*개도 무는 개를 돌아본다

  온순하기만 해서는 오히려 대접을 못 받고, 당당히 요구를 하고 나서야 정당한 대접을 받는다는 말.

*개똥 밭에 굴러도 이승이 낫다

  아무리 구차하게 살아도 죽는 것보다는 살아 있는 것이 낫다는 뜻.

*개똥밭에서 인물 난다

  변변하지 못한 집안에서도 훌륭한 인물이 난다는 말.

*개똥도 약에 쓰려면 없다

  아주 흔하던 물건도 정작 필요하여 찾으면 없다는 뜻.

*개똥참외는 먼저 맡은 이가 임자라

  임자 없는 물건은 먼저 발견한 사람이 차지하기 마련이라는 말.

*개미 구멍으로 공든 탑 무너진다
조그만 잘못으로 인하여 큰 손해를 보았을 때 쓰이는 말.

*개미 금탑 모으듯 한다
재물 따위를 조금씩 조금씩 알뜰하게 모으는 것을 이르는 말.

*개미가 정자나무 건드린다
힘이 없는 이가 큰 세력에 맞서 덤빔을 비유하여 이르는 말.

*개살구 지레 터진다
능력도 없고 되지 못한 사람이 오히려 먼저 하려고 덤빈다는 말.

*개살구도 맛 들일 탓이다
시고 떫은 개살구도 자꾸 맛을 들이면 그런대로 먹을 수 있게 된다는 말로, 모든 일은 자기가 하기 나름이라는 뜻.

*개천에서 용 났다
보잘것 없는 집안에서 훌륭한 인물이 났을 때 쓰이는 말.

*개하고 똥 다투랴
  상대하여 말할 가치도 없을 때, 멸시하는 투로 이르는 말.

*객주집 칼도마 같다
  이마와 턱이 툭 불거져 나오고 코 부근이 움푹 들어간 얼굴을 비유하여 이르는 말.

*거미도 줄을 쳐야 벌레를 잡는다
  준비가 있어야 결과를 얻을 수 있음을 이르는 말.

*거북이 잔등의 털을 긁는다
  구하여도 얻지 못할 곳에 가서 애써 구하려 하는 어리석음을 탓할 때 하는 말.

*거지끼리 자루 찢는다
  대수롭지 않은 어떤 결과를 놓고 서로 그 공을 따지며 제각기 더 많이 차지하려고 다툴 때 하는 말.

*거지 옷 해 입힌 셈이다
  갚음을 바랄 수 없는 사람에게 은혜를 베풂을 이르는 말.

*거지도 부지런하면 더운 밥 얻어먹는다

　사람은 어떻든 부지런해야 복을 받고 살 수 있다는 뜻.

*거지도 손 볼 날이 있다

　아무리 가난한 집이라도 손님 맞을 때가 있다는 뜻으로, 어렵게 지내더라도 깨끗한 옷가지를 준비해 두어야 한다는 말.

*거짓말이 외삼촌보다 낫다

　거짓말도 경우에 따라서는 처세에 이로울 수 있다는 뜻.

*걱정도 팔자

　자기에게는 아무 관계 없는 남의 걱정까지 할 때 핀잔 주는 말.

*걷기도 전에 뛴다

　아직 걷지도 못하는 것이 뛴다는 것은 있을 수 없는 일이니, 모든 일을 순서와 계단을 밟지 않고 할 때 쓰는 말.

*검둥 개 멱 감기듯

　검은 개를 아무리 씻어 줘도 희어질 리가 없으니, 자기의 천성은 고치기 어렵다는 뜻. 즉, 어떤 일의 보람이 나타나

지 않을 때 이르는 말. 또는 악인이 끝내 제 잘못을 뉘우치지 못함을 이르는 말.

*검다 희다 말이 없다
　반응이나 의사 표시가 전혀 없음을 이르는 말. 쓰다 달다 말이 없다

*검은 고기 맛 좋다 한다
　겉모양만 가지고 내용을 속단하지 말라는 훈계의 말.

*검은 머리 파뿌리 되도록 살다
　검은 머리가 파뿌리처럼 허옇게 셀 때까지의 뜻으로, 부부가 의좋게 오래 삶을 이르는 말.

*검정 강아지로 돼지 만든다
　비슷한 것으로 대신해서 남을 속이려 한다는 말.

*검정 고양이 눈 감은 듯
　검은 고양이가 눈을 떴는지 감았는지 얼른 알아보기 어렵듯이, 경계가 뚜렷하지 않아 분간하기 어려울 때 이르는 말.

*게 눈 감추듯 한다
 음식을 빨리 먹는 것이 게가 눈을 감추듯이 몹시 재빠르다는 뜻.

*게 잡아 물에 넣는다
 소득도 없이 헛수고만 함을 이르는 말.

*게으른 선비 책장 넘기기
 글 읽는 데 마음이 붙지 않으므로 책장만 뒤지고 있다는 뜻으로서, 무릇 무슨 일이고 일은 알차게 하지 않고 그 분량만 헤아리는 사람을 두고 이르는 말. 게으른 일꾼 밭고랑 세듯.

*겨 묻은 개가 똥 묻은 개 흉본다
 자기의 잘못은 모르고 남의 잘못만 흉본다는 뜻.

*겨 주고 겨 바꾼다
 보람 없거나 쓸데없는 짓을 함을 이르는 말.

*겨울바람이 봄바람보고 춥다 한다
 자기 허물을 생각지 않고 오히려 남의 작은 허물을 나무람을 이르는 말.

*겨울이 지나지 않고 봄이 오랴
 급하다고 무슨 일이나 억지로 될 수 없음을 이르는 말.

*겨울이 다 되어야 솔이 푸른 줄 안다
 사람은 위급하거나 어려운 때를 당해 보아야 비로소 어떤 사람인지를 알 수 있다는 말.

*견물 생심(見物 生心)
 안 볼 때는 별로 생각도 없던 것도 실제로 그 물건을 보면 갖고 싶은 욕심이 생긴다는 말.

*계 타고 집 판다
 처음에는 이득을 보았다가 나중에는 도리어 손해를 입는다는 말.

*고기 맛본 중 같다
 뒤늦게 쾌락을 맛본 사람이 제정신을 못 차리는 경우를 두고 하는 말.

*고기는 씹어야 맛을 안다
 겉을 핥는 것처럼, 일을 건성 보아서는 그 참뜻을 모른다는 말.

*고기는 씹어야 맛이요, 말은 해야 맛이라
 고기의 참 맛은 씹어야 나고, 말도 할 말은 시원히 다 해 버려야 한다는 뜻.

*고기도 저 놀던 물이 좋다
 평소에 자기의 낯익은 곳이 좋다는 뜻.

*고깃값이나 하여라
 추하게 행동하지 말고, 인간으로서 부끄럽지 않은 일을 하라는 말.

*고래 그물에 새우가 걸린다
 큰 것을 목적하였는데 결국 얻은 것은 하찮은 것이었음을 뜻함.

*고래 싸움에 새우 등 터진다
 힘센 사람이 서로 싸우는데, 약한 사람이 그 사이에 끼여 관계없이 해를 입을 때 쓰는 말.

*고름이 살 되나?
 고름은 몸에 아무리 넣어 두어야 살이 될 리가 없다는 말로서, 소용 없는 것은 미리 없애 버려야 한다는 뜻.

*고뿔도 남은 안 준다

  고뿔은 감기와 같은 뜻으로 누구나 다 싫어하는 병이지만, 이 병까지도 남에게 주지 않을 정도로 몹시 인색한 사람을 두고 이르는 말.

*고양이 달걀 굴리듯

  어떤 일을 재치 있게 해 나감을 이르는 말.

*고양이 목에 방울 달기

  쥐들이 고양이 목에다 방울을 달면 그 소리를 듣고 고양이가 오는 줄 알아 미리 피할 터이나 방울을 달 수가 없으니, 실행할 수 없는 헛 공론만 쓸데없이 논할 때 쓰는 말.

*고양이 앞에 고기 반찬

  자신이 워낙 좋아하는 것이라 남이 손댈 겨를도 없이 후딱 해치워 버림을 이르는 말.

*고양이 앞의 쥐걸음

  몹시 무서워서 쩔쩔 맴. 강자 앞에서 꿈쩍도 못 하는 약자의 모습을 이르는 말.

*고양이 쥐 사정 보듯

고양이가 쥐의 사정을 볼 리가 있겠는가? 속으로는 해칠 마음을 먹고, 겉으로는 친한 체할 때 쓰는 말. 고양이 쥐 생각하듯.

*고양이에게 생선 지키라는 격이다

고양이에게 생선을 지키라고 하면, 그것을 지키기는커녕 도리어 훔쳐먹을 것이니, 믿지 못할 사람에게 귀중한 물건을 맡길때 쓰는 말. 강아지 메주 멍석 맡긴 것 같다.

*공든 탑이 무너지랴?

공을 들이고 힘을 들여 한 일은 그리 쉽사리 없어지거나 실패하지 않는다는 뜻.

*광에서 인심난다

여유가 있는 데서 남을 돕게 된다는 말.

*구더기 무서워 장 못 담글까?

구더기가 날까 봐 장을 못 담글 리야 있겠는가? 다소 방해되는 물건이 있다고 해서 마땅히 해야 할 일까지도 못 할 수는 없다는 뜻.

*구렁이 담 넘어가듯 한다
 일을 분명하고 깔끔하게 처리하지 않고 슬그머니 얼버무려 버림을 비유적으로 이르는 말.

*구멍은 깎을수록 커진다
 잘못된 일을 수습하려다가 점점 더 크게 잘못되어 가는 경우를 두고 하는 말.

*구슬이 서 말이라도 꿰어야 보배
 아무리 구슬이 많이 있어도 꿰어 놓지 않으면 그 값어치가 없는 것이니, 아무리 훌륭한 일이라도 완전히 끝을 맺어 놓아야 비로소 그 가치가 있다는 뜻.

*국에 데인 놈 물 보고 분다
 어떤 일에 한번 놀라면 그와 비슷한 것만 봐도 미리 겁을 먹는다는 뜻. 자라 보고 놀란 가슴 솥뚜껑 보고 놀란다.

*굳은 땅에 물이 괸다
 헤프지 않고 알뜰한 사람이 재산을 모은다는 말.

*굼벵이도 구르는 재주가 있다
 아무리 둔하고 미련한 굼벵이도 구르는 재주는 있다는

말로서, 보기에는 우둔한 사람도 다 제각기 장점 하나쯤은 가지고 있다는 뜻.

*굿이나 보고 떡이나 먹지
 남의 일에 쓸데없는 간섭을 말고 가만히 보고만 있다가 이익이나 얻겠다는 뜻.

*궁지에 몰린 쥐가 고양이를 문다
 아무리 약한 놈이라도 죽을 지경에 이르면 용기를 내어 달려든다는 뜻.

*궁하면 통한다
 매우 어려운 처지에 놓이면 이것을 벗어나기 위해 노력을 하기 때문에 길이 생긴다는 말.

*권불 십년(權不十年)
 권세(權勢)가 십 년을 넘지 못한다는 뜻. 화무십일홍(花無十日紅).

*귀머거리 삼 년이요, 벙어리 삼 년이라
 옛날 가정에서, 시집온 여자가 모든 일에 함부로 간섭하지 않고 몹시 조심하여, 못 들은 체, 알고도 모르는 체하여

야 한다는 뜻.

*귀신도 빌면 듣는다
 사람이면, 남이 자기에게 진심으로 사과하면 용서하지 않을 수 없다는 뜻.

*귀신이 곡하다
 일이 하도 기묘하고 신통하여 귀신까지도 탄복한다는 뜻.

*귀에 걸면 귀걸이 코에 걸면 코걸이
 이렇게 하면 이렇게 되고 저렇게 하면 저렇게 된다는 말로서, 자기의 주견과 주장이 없이 행동하는 사람을 두고 이르는 말. 이현령 비현령.

*귀한 자식 매 한 대 더 때리고, 미운 자식 떡 한 개 더 준다
 자녀 교육을 올바르게 하려면, 당장 좋은 것이나 주고 뜻을 맞추기보다 귀할수록 버릇을 잘 가르쳐야 한다는 말.

*귓문이 넓다
 남의 말을 잘 듣는 사람을 두고 이르는 말.

*그 밥에 그 나물이다

　기대했던 것보다 훨씬 못할 경우나 수준 이하의 경우를 할한다.

*그 아비에 그 아들

　잘난 아버지에게서는 잘난 자식이, 못난 아버지에게서는 못난 자식이 태어난다는 말.

*그릇도 차면 넘친다

　세상 모든 것은, 한번 성하면 반드시 다시 쇠하고 줄어든다는 뜻.

*그림의 떡

　그림의 떡은 먹을 수 없다는 뜻으로, 실제에 아무 소용없는 것을 두고 하는 말.

*글 속에 글이 있고, 말 속에 말이 있다

　내용 속에 또 내용이 들어 있다는 뜻.

*긁어 부스럼

　긁지 않았더라면 아무 탈이 없었을 것을 긁었기 때문에 부스럼이 생겼다는 뜻으로서, 자기가 스스로 재앙을 만들었을 때 쓰는 말. 찔러 피 낸다.

*금강산도 식후경
아무리 재미있는 일이라도 모두 배가 부른 뒤에 할 것이지, 배가 고프면 구경도 경황이 없다는 뜻.

*금상 첨화(錦上添花)
좋은 물건을 더 좋게 만들었다는 뜻.

*금의 환향(錦衣還鄕)
타향에 가서 성공하여 돌아옴을 이르는 말.

*급하기는 우물에 가서 숭늉 달라겠다
숭늉은 밥을 지어 낸 뒤에 솥에 물을 부어 데운 물인데 어찌 우물에서 찾을 것인가? 모든 일에 아무 절차와 분간도 없이 급하게 굴 때 쓰는 말.

*급하면 바늘 허리에 실 매어 쓸까
바늘 귀에 실을 꿰어야 쓰지 바늘 허리에 실을 매어 가지고는 쓸 수 없으므로, 모든 일에 있어서 아무리 급해도 일정한 절차는 밟아야 한다는 뜻.

*급히 더운 방이 쉬 식는다
  모든 일을 너무 급히 서두르면 그 결과가 좋지 않다는 뜻.

*기르던 개에게 다리를 물렸다
  제가 도와 주고 은혜를 베푼 사람으로부터 도리어 큰 화를 입었다는 말.

*기지도 못하면서 뛰려고 한다
  자기의 실력을 모르고 턱없이 무리한 일을 하려고 함.

*긴병에 효자 없다
  모든 일에 있어 한 가지 일만 오래 계속하게 되면, 저절로 성의가 부족해진다는 뜻.

*길 닦아 놓으니까 미친년 먼저 지나간다
  애써 해 놓은 것을 당치도 않게 반갑지 않은 자가 먼저 이용할 때 쓰는 말.

*길을 두고 뫼로 갈까?
  평탄한 길을 두고 험한 산길로 가는 경우를 뜻하니, 모든 일에 있어 쉽게 할 수 있는 것을 구태여 어렵게 할 때 쓰는 말.

*길이 아니면 가지 말고, 말이 아니면 탓하지 말라
 지나치게 사리에 맞지 않는 말을 하는 것은 도리어 그것을 탓하여, 시비를 가릴 필요조차 없다는 뜻.

*까마귀 고기를 먹었나
 잘 잊어버리는 사람을 조롱하는 말. '왜 까맣게 잊었느냐'에서 온 말.

*까마귀 날자 배 떨어진다
 배나무에 앉았던 까마귀가 막 날 때, 배가 떨어지면 혹 그 까마귀가 배를 떨어뜨린 것 같이 여길지도 모르나, 사실 그것은 두 가지 일이 우연히 동시에 일어났을 뿐이니 배 떨어진 것과 까마귀 난 것은 아무 관계가 없다는 뜻으로, 공교롭게 우연히 두 가지 일이 같은 때 생겼을 경우에 쓰는 말이다. 오비이락(烏飛梨落).

*까마귀 학이 되랴
 아무리 애를 써도 타고난 본바탕은 어찌할 수가 없다는 말. 닭의 새끼 봉이 되랴.

*까마귀는 검어도 속은 희다
 겉 모양은 흉하여도 속은 깨끗하다는 말로서, 겉 모양

이 보기에 흉하다고 속 마음까지 흉측하지는 않다는 뜻.

*깨진 그릇 맞추기
 한번 잘못된 일을 다시 예전대로 돌이키려고 아무리 애써도 되지 않는다는 뜻. 엎지른 물.

*꼬리가 길면 밟힌다
 아무리 숨어서 하는 일이라도 자꾸 오래 계속하면 결국은 드러나게 된다는 뜻.

*꽁지 빠진 새 같다
 새는 꽁지가 있어야 겉 모양이 그럴듯한데 꽁지가 빠졌으니 얼마나 보기 흉할까? 즉, 꼴이 볼 것 없는 것을 가리키는 말.

*꽃이 좋아야 나비가 모인다
 자기 물건이 좋아야 살 사람이 많다고 할 때나, 자기 딸이나 아들이 똑똑해야 사위나 며느리도 훌륭한 사람을 구할 수 있다고 할 경우에 쓰는 말. 내 딸이 고와야 사위도 잘 고른다.

*꾸어 온 보릿자루

여럿이 모여 떠드는 데, 혼자 잠자코 있는 사람을 조롱하는 말.

*꿀 먹은 벙어리요, 침 먹은 지네라

①어떠한 행동을 해 놓고 안 한 체하고 시침을 딱 떼는 사람을 가리키는 말.
②아무리 답답한 사정이 있어도 말도 못하고 혼자 안타까워하는 사람을 가리키는 말.

*꿀도 약이라면 쓰다

자기에게 이로운 말을 싫어할 때 쓰는 말.

*꿈보다 해몽이 낫다

꿈은 아무렇게 꾸었어도 해몽만 잘 하면 그만이라는 말로서, 느낌은 좋지 못하여도 만들어 꾸미기만 잘 하면 그만이라는 뜻.

*꿩 대신 닭

자기가 원하던 물건이 없으면 그와 비슷한 것으로 대신 쓴다는 뜻.

*꿩 먹고 알 먹는다
  한 가지 일을 하고 두 가지 이익을 볼 때 쓰는 말.

*꿩 잡는 것이 매
  실제에 효과 있는 것이 제일이라는 뜻.

*끈 떨어진 뒤웅박
  혼자 홀로 떨어져서 아무 데도 붙일 곳 없이 굴러 다닌다는 뜻으로, 조금도 의지할 곳이 없을 때 쓰는 말.

*끝 부러진 송곳
  송곳의 끝이 부러지면 무슨 소용이 있겠는가? 못쓰게 된 물건이라는 뜻.

*나 먹자니 싫고, 개 주자니 아깝다
  나에게는 소용없는 물건도 남에게 주기는 싫다는 뜻.

*나간 놈의 집구석 같다
  한참 살다가 그대로 두고 나간 집같이 집 안이 어수선하고 무질서하게 흐트러져 있다는 말

*나간 사람 몫은 있어도 자는 사람 몫은 없다
  게으른 사람에게는 무엇을 남겨 줄 필요도 없다는 뜻.

*나귀는 제 귀 큰 줄 모른다
  누구나 남의 허물은 잘 알아도 자기 자신의 결함은 알기 어렵다는 뜻.

*나는 닭보고 따라가는 개 같다

  날아가는 닭을 보고 개가 따라가도 소용이 없듯이, 가망성이 전혀 없는 일을 가지고 헛수고만 하고 다닌다는 뜻.

*나는 바담 풍(風) 해도, 너는 바람 풍 해라

  자기는 잘못하면서도 남만 잘 하라고 요구하는 사람을 빗대서 하는 말.

*나는 새도 떨어뜨리고, 닫는 짐승도 못 가게 한다

  권세가 등등하여 모든 일을 마음대로 한다는 뜻.

*나도 덩더쿵 너도 덩더쿵

  덩더쿵은 북치는 소리로, 의견이 틀려 서로 제 의견이 옳다고 고집하고 타협이 좀처럼 되지 않을 때 쓰는 말.

*나라 하나에 임금이 셋이다

  한 집안에 어른이 여럿 있으면 일이 안 되고 분란만 생긴다는 뜻.

*나무도 쓸 만한 것 먼저 벤다

  좀 잘난 사람이 일찍 죽을 경우에 쓰는 말.

*나무에 오르라 하고 흔드는 격이다
 남을 불행한 구렁으로 끌어넣는다는 뜻.

*나무에 올라 고기를 구한다
 있지 않을 곳에 가서 애써 구함을 두고 이르는 말. 연목구어(緣木求魚).

*나무에 잘 오르는 놈 떨어져 죽고, 헤엄 잘 치는 놈 빠져 죽는다
 흔히 잘 하여 자신이 있는 일에 도리어 실패하는 경우가 많다는 뜻.

*나이 덕이나 보지
 나이 먹은 사람을 대접해 달라는 말.

*나이 이길 장사 없다
 아무리 왕성한 장사도 나이가 들면 쇠하는 것은 어찌할 수 없다는 뜻.

*나중 난 뿔이 우뚝하다
 후배들이 선배보다 더 나을 때 쓰는 말.

*나중에는 삼수 갑산(三水甲山)을 갈지라도

　나중에야 아무리 험하고 나쁜 지경에 이를지라도 그 일은 꼭 해야겠다고 결심할 때 쓰는 말.

*낙동강 오리알

　무리에서 떨어져 나오거나 홀로 소외되어 처량하게 된 신세를 비유적으로 이르는 말.

*낙동강에 오리알 떨어지듯 한다

　남의 것을 떼어먹고 가뭇없이 없어졌다는 말.

*낙숫물이 댓돌을 뚫는다

　처마에서 떨어지는 낙숫물에도 댓돌이 뚫리듯이, 비록 약한 힘이라도 끈질기게 오랫동안 계속 노력하면 무슨 일이든지 안 되는 것이 없다는 뜻.

*낙타가 바늘 구멍 찾는 격

　아주 찾기 어려운 것을 비유하는 말.

*날 잡아잡수소 한다

　무슨 말을 하든지 못들은 것처럼 딴청을 피우면서 말없이 반항하고 있다는 말.

*날개 부러진 매
매가 날개가 부러졌다면 무슨 힘이 있겠는가? 힘없고 세력 없는 신세가 되었다는 뜻.

*날샌 올빼미 신세
올빼미는 낮에는 앞을 못 보니까 숨어 있다가 밤에 나와 돌아다니는 새이므로, 낮에는 얼마나 외롭고 쓸쓸하겠는가? 고독하고 의지할 데 없는 신세가 되었다는 뜻.

*남남북녀(南男北女)
우리 나라에서는 남쪽 지방에는 남자가 잘났고, 북쪽 지방에는 여자가 아름답다고 옛날부터 일러오던 말.

*남대문에서 할 말을 동대문에 가서 한다
말을 해야 할 자리에서는 하지 못하고 엉뚱한 자리에서 말을 한다는 뜻.

*남아 일언 중천금
남자의 말 한 마디가 천금같이 무겁다는 뜻이니, 말의 중요성을 강조한 말.

*남의 눈에 눈물 내면 제 눈에는 피가 난다
  남에게 나쁜 일을 하면, 반드시 저는 그보다 더 큰 벌을 받는다는 뜻.

*남의 다리 긁는다
  자기를 위하여 한 일이 결과는 남을 위하여 한 일이 되었을 때 쓰는 말.

*남의 돈 천 냥이 내 돈 한 푼만 못하다
  아무리 하찮은 것이라도 자기 물건이 제일이라는 뜻.

*남의 떡으로 설 쇠다
  자기는 가난하여 떡을 못 하고 남이 준 떡으로 설을 쇤다는 뜻이니, 남의 덕으로 일을 이루었을 때 쓰는 말.

*남의 말 하기는 식은 죽 먹기
  남의 잘못을 말하기는 대단히 쉽다는 뜻.

*남의 말도 석 달
  아무리 크게 퍼진 소문도 시일이 지나면 흐지부지 없어진다는 뜻.

*남의 말이라면 쌍지팡이 짚고 나선다
 남에게 시비 잘 걸고, 남의 말을 잘 탓하고 나서는 사람을 두고 이르는 말.

*남의 발에 버선 신긴다
 자기를 위해 한 일이 결과적으로 남을 위한 일이 되었다는 뜻.

*남의 밥 콩이 더 굵어 보인다
 남의 것은 자기 것보다 좋게 보인다는 뜻으로, 사람의 욕심이 많음을 두고 이르는 말.

*남의 속에 있는 글도 배운다
 눈에 보이지 않는 남의 속에 있는 것도 배우는데, 하물며 직접 보이는 것이야 못 배울 리가 없지 않느냐는 뜻.

*남의 잔치에 감 놓아라 배 놓아라 한다
 쓸데없이 남의 일에 간섭을 한다는 뜻.

*남의 장단에 춤춘다
 자기의 주장은 없이 남의 의견에만 좇아 행동함을 이르는 말.

*남이 장에 간다고 하니 거름 지고 나선다
　남이 하는 대로 따라 행동하는 사람을 비웃는 말.

*남의 집 제사에 절하기
　관계없는 일에 참견하여 헛수고만 한다는 뜻.

*남의 흉이 제 흉이다
　남의 잘못을 발견하게 되면 자신의 잘못으로 보고 고칠 줄 알아야 한다는 뜻.

*남자는 배짱이요 여자는 절개다
　남자는 사물에 대하여 두려움 없는 담력이 으뜸이고, 여자는 세상 남자들에게 농락당하지 않는 깨끗한 절개가 으뜸이다.

*낫 놓고 기역자도 모른다
　기역자 모양으로 생긴 낫을 보고도 기역(ㄱ)자를 모른다는 뜻이니, 무식한 사람을 두고 이르는 말.

*낮 말은 새가 듣고 밤 말은 쥐가 듣는다
　아무도 안 듣는 데에서라도 말은 조심해야 한다는 뜻.

*낮에 난 도깨비
 염치없이 제 욕심만 부리는 사람을 두고 이르는 말.

*내 것 주고 뺨 맞는다
 이중으로 손해를 볼 때 하는 말.

*내 돈 서 푼은 알고 남의 돈 칠 푼은 모른다
 무엇이든 자기 것만 소중히 여긴다는 뜻.

*내 딸이 고와야 사위도 고른다
 자기가 가지고 있는 것은 보잘것 없는데, 남의 것만 완전한 것을 구하는 사람을 두고 이르는 말.

*내 말은 남이 하고 남 말은 내가 한다
 사람은 누구나 제 잘못은 젖혀놓고 남의 말 하기를 좋아한다는 뜻.

*내 몸이 높아지면 아래를 살펴야 한다
 남의 윗 자리에 있는 사람은 항상 아랫 사람들을 보살피고 또 삼가야 한다는 말.

*내 손에 장을 지져라

 어떤 일을 두고 그 일이 절대로 안 된다고 장담할 때 쓰는 말.

*내 코가 석 자

 내 코가 석 자나 흘러 귀찮은데 어느 겨를에 남의 코 흐르는 걱정까지 하겠는가? 남 걱정까지 할 여유가 없다는 뜻.

*내리사랑은 있어도 치사랑은 없다

 윗 사람이 아랫 사람을 사랑하기는 쉬워도 아랫 사람이 윗 사람을 사랑하기는 힘들다는 뜻.

*냇물은 보이지 않는데 신발부터 벗는다

 아직 하지 않아도 되는 일을 미리부터 서두른다는 뜻.

*냉수 먹고 이 쑤신다

 냉수를 마셨는데 이 사이에 끼일 것이 있겠는가? 필요하지 않은 것을 한다는 뜻.

*냉수도 불면서 마신다

 쓸데없이 걱정하고 겁을 내는 사람을 두고 이르는 말. 구

운 게도 다리 떼고 먹는다.

*냉수에 이 부러진다
  도무지 이치에 맞지 않아 어이가 없다는 뜻.

*너는 용빼는 재주 있느냐
  '너는 뭐 특별한 재주가 있느냐?'는 뜻.

*노는 입에 염불하기
  아무것도 하지 않고 노는 것보다는 무엇이든지 하는 것이 낫다는 뜻.

*노루를 피하니 범이 나온다
  점점 일이 더 험해질 때 쓰는 말. 갈수록 산이라.

*노처녀더러 시집가라 한다
  물어 보나마나 좋아할 일을 쓸데없이 물어 본다는 뜻.

*놀부 제사지내듯 한다
  놀부가 제사를 지낼 때 제사 음식 대신 돈을 놓고 제사를 지냈듯이, 몹시 인색하고 고약한 짓을 한다는 뜻.

*농담이 진담 된다
  농담에도 평소 스스로 생각한 것이 섞여들 수 있기 때문에 진담이 될 수 있다는 뜻.

*농부가 굶어도 종자는 베고 죽는다
  ①자기가 죽고 나면 재물은 이제 소용없는 것인데, 그것을 모르고 몹시 아낀다는 뜻.
  ②농부는 씨앗만은 대단히 소중하게 여긴다는 뜻.

*높은 가지가 부러지기 쉽다
  높은 가지가 바람을 더 타기 때문에 부러지기가 쉽듯이, 높은 지위에 있으면 오히려 몰락하기가 쉽다는 뜻.

*놓아 먹인 말
  보고 배운 것이 없이 막 자란 사람을 두고 이르는 말.

*놓친 고기가 더 크다
  먼저 것이 더 좋았다고 생각한다는 뜻.

*누운 소 똥 누듯 한다
  무슨 일을 아무런 힘을 들이지 않고 쉽게 해 낸다는 뜻.
누운 소 타기.

*누울 자리를 보아 가며 발 뻗는다
 형편과 결과를 생각해 가며 일을 처리한다는 뜻.

*누워 떡 먹기
 일이 매우 쉽다는 뜻.

*누워서 침 뱉기
 누워서 침을 뱉으면 어디로 떨어질까? 남에게 해를 끼치려다가 도리어 자기에게 해가 돌아올 때 쓰는 말.

*누이 믿고 장가 안 간다
 도저히 불가능한 일만 하려 하고 다른 방책을 세우지 않는 어리석음을 뜻함.

*누이 좋고 매부 좋다
 피차 서로 좋다는 뜻.

*눈 가리고 아웅
 결코 넘어가지 않을 얕은 꾀로 남을 속이려고 한다는 뜻.
 입 가리고 고양이 흉내.

*눈 감으면 코 베어 갈 세상
  눈을 감으면 코를 베어 간다는 말이니, 세상 인심이 험악하다는 뜻.

*눈 뜨고 도둑맞는다
  번연히 알면서도 하는 수 없이 손해를 당할 때 쓰는 말.

*눈 뜨고 코 베어 갈 세상
  번연히 보고 있으면서도 해를 당할 정도로 무서운 세상이라는 뜻.

*눈 먼 고양이 달걀 어르듯 한다
  제게 소중한 것임을 알고 애지중지한다는 말.

*눈 먼 자식이 효도한다
  보기에 대단찮던 것이 매우 유익하게 이용될 때 쓰는 말. 병신 자식 효도한다.

*눈 위에 서리 친다
  눈 덮인 위에 서리까지 내린다는 말로서, 일이 점점 더 심하여 간다는 뜻. 설상가상(雪上加霜).

*눈 코 뜰 사이 없다

 몹시 바쁘다는 뜻.

*눈엣가시

 눈에 든 가시가 얼마나 귀찮을 것인가? 매우 미운 사람을 가리키는 말.

*눈치가 빠르면 절에 가서도 새우젓을 얻어먹는다

 사람이 영리하고 수단만 있으면 절에 있을 리가 없는 새우젓까지도 절에서 얻어먹을 수도 있다는 뜻으로, 겉으로는 못 할 일도 뒤로 비밀리에 할 수 있다는 말.

*눈치 코치 모른다

 남이 미워하는지 좋아하는지 모르고 행동한다는 말.

*느린 소도 성낼 적이 있다

 아무리 성미가 느리고 순한 듯한 사람도 성이 나면 무섭다는 뜻.

*느릿느릿 걸어도 황소 걸음

 속도는 느리지만, 오히려 믿음직스럽고 알차다는 뜻.

*늙은이 뱃가죽 같다

　물건이 쭈글쭈글한 것을 두고 이르는 말.

*늙은이도 세 살 먹은 아이의 말을 귀담아들으랬다

　아무리 나이 어린 아이의 말이라도 들을 만한 것이 있으니, 덮어놓고 듣지 않는 것은 옳지 않다는 뜻.

*능구렁이 다 되었다

　겉으로는 세상 일을 모르는 체하고, 속으로는 제 실속을 차리는 사람을 두고 이르는 말.

*늦게 배운 도둑질에 날 새는 줄 모른다

　늦게 시작한 일에 몹시 흥미를 가지고 골몰하는 사람을 두고 이르는 말.

*다 된 죽에 코 빠뜨린다

다 이루어져 가던 일을 갑자기 망쳐 실패로 돌아갔을 때 쓰는 말.

*다 먹은 죽에 코 빠졌다고 한다

음식을 맛있게 다 먹었는데 나중에 알고 보니 코가 빠졌다고 하여, 마음에 꺼림하다는 뜻.

*다 팔아도 내 땅이다

어떻게 하더라도 나중에 가서는 내 이익으로 되므로 손해 볼 염려는 하나도 없다는 뜻.

*다람쥐 쳇바퀴 돌듯

끝이 없이 계속하여 뱅뱅 돈다는 뜻. 개미 쳇바퀴 돌듯.

*다시 긷지 않겠다고 우물에 똥눌까?
　다시는 그 사람을 안 볼 것 같지만 얼마 안 가서 그 사람에게 부탁할 일이 생긴다는 말.

*다음에 보자는 놈 무섭지 않다
　일을 미루기만 하는 사람은 결국에 가서는 일을 마무리하지 못한다는 말.

*단단한 땅에 물이 괸다
　땅바닥이 단단해야 물이 새어 나가지 않고 괸다는 말로서, 알뜰해야 재산이 모인다는 뜻.

*단맛 쓴맛 다 보았다
　세상의 즐거움과 괴로움을 다 겪었다는 말.

*단 솥에 물 붓기
　단솥에는 물을 아무리 부어도 곧 없어진다는 말로서, 형편이 기운 사람은 아무리 도와 주어도 소용없다는 뜻.

*달 보고 짖는 개
　못생긴 사람이 잘난 사람의 행동을 도리어 의심하고 흉보며 떠들어댈 때 쓰는 말. 또는 어리석은 사람의 말이나 행동을 비유해서 하는 말.

*달걀 노른자
　노른자는 달걀의 가장 중요한 부분이므로 어떤 일에서 중요한 비중을 차지하는 것을 두고 이르는 말.

*달걀에도 뼈가 있다
　부드러운 달걀 속에도 뼈가 있을 수 있듯이 안심했던 일에서 오히려 실수하기 쉬우니 항상 신중을 기하라는 뜻.

*달도 차면 기운다
　모든 것이 한번 번성하거나 가득 차면 쇠퇴한다는 말.

*달면 삼키고 쓰면 뱉는다
　자기에게 이로울 때는 이용하고, 필요하지 않을 때는 배척한다는 뜻. 감탄고토(甘吞苦吐).

*달밤에 삿갓 쓰고 나온다
　미운 사람이 더 미운 짓만 한다는 뜻.

*닭 갈비
　닭의 갈비는 먹을 것은 없지만 그래도 버리기는 아깝다

는 뜻으로, 소용은 없으나 버리기는 아까운 물건을 비유하는 말. 계륵(鷄肋).

*닭 소 보듯 한다
 서로 보기만 하고 아무 말을 하지 않는 것. 서로 의가 상해서 친한 사이라도 남처럼 대하는 것을 뜻한다.

*닭 잡는 데 도끼 쓴다
 실제의 사정에 맞도록 일을 하지 않는다.

*닭 잡아먹고 오리 발 내민다
 닭을 잡아먹고도 닭은 안 잡아먹은 체하고 오리 발을 내어놓는다는 말이니, 즉 나쁜 일을 해 놓고도 그 일이 드러나지 않게 어떤 수단을 써서 남을 속일 때 쓰는 말.

*닭 쫓던 개 지붕 쳐다보기
 개가 닭을 쫓다가 닭이 날아 지붕 위로 올라가니 할 수 없이 지붕 위만 쳐다본다는 뜻으로, 하던 일을 실패하여 어쩔 수 없이 된 경우에 쓰는 말.

*닭똥 같은 눈물
 몹시 슬퍼 굵게 뚝뚝 떨어지는 눈물.

*닭의 새끼 봉이 되랴
  아무리 하여도 본디 타고난 성품은 고칠 수가 없다는 뜻.

*닭이 천이면 봉이 한 마리
  많은 사람이 모인 곳에는 반드시 뛰어난 사람도 있다는 말.

*담 벼락하고 말하는 것 같다
  알아듣지 못하는 사람에게는 아무리 말해도 소용이 없다는 뜻.

*당장 먹기엔 곶감이 달다
  당장 좋은 것은 한 순간뿐이지 참으로 좋고 이로운 것이 못된다는 뜻.

*대가리 피도 안 말랐다
  아직 나이 어리고 철들지 못했다는 말.

*대문은 넓어야 하고 귓문은 좁아야 한다
  남의 말은 듣되 유익한 것과 해로운 것을 구별할 줄 알아야 한다는 뜻.

*대장장이 집에 식칼이 없다
  그 집에 마땅히 있음직한 것이 없을 때 쓰는 말.

*대추 씨 같다
  키가 작고 성격이 야무지고 단단하며 일에 빈틈이 없는 사람을 가리키는 말.

*대추나무 방망이다
  대추나무로 만든 방망이는 단단하여 잘 부러지지 않는다는 것에서, 어렵고 힘든 일이라도 능히 참고 견딜 수 있다는 뜻.

*대추나무에 연 걸리듯
  여러 곳에 빚이 많이 널려 있는 것을 비유하는 말.

*댓구멍으로 하늘을 본다
  견문(見聞)이 부족한 사람을 두고 이르는 말.

*더도 덜도 말고 한가위만 같아라
  항상 한가윗날처럼 잘 먹고 잘 입고 잘 놀고 살았으면 하는 말.

*더운 밥 먹고 식은말 한다
하루 세 끼 더운 밥 먹고 살면서 실없는 소리만 한다는 뜻.

*더위도 큰 나무 그늘에서 피하랬다
높은 지위에 있는 사람이나 돈이 많은 사람에게 의지해서 살아야 조그마한 덕이라도 볼 수 있다는 뜻.

*덕은 닦은 데로 가고 죄는 지은 데로 간다
덕을 베푼 사람에게는 보답이 돌아가고 죄를 지은 사람에게는 벌이 돌아가게 된다는 뜻.

*도깨비 장난 같다
하는 일이 분명하지 않고 갈피를 잡을 수 없다는 뜻.

*도끼 자루 썩는 줄 모른다
시간이 가는 줄 모른다는 뜻.

*도덕은 변해도 양심은 변하지 않는다
사회가 발전됨에 따라 도덕은 편의대로 변할 수 있지만 인간의 양심은 세월이 가도 변할 수 없다는 뜻.

*도둑놈은 한 죄, 잃은 놈은 열 죄

 도둑놈은 물건을 훔친 죄밖에 없으나, 잃은 사람은 문 단속을 잘못한 죄, 주변의 여러 사람을 의심하는 죄 등을 짓게 된다는 뜻.

*도둑에게 열쇠 준다

 믿을 수 없는 사람을 신용한다는 뜻.

*도둑을 맞으려면 개도 안 짖는다

 운이 나쁠 때는 점점 일이 좋지 않게만 된다는 뜻.

*도둑을 앞으로 잡지 뒤로 잡나

 도둑을 잡으려면 확실한 증거가 있어야 한다는 뜻이니, 충분한 증거도 없이 공연히 사람을 의심하지 말라는 말.

*도둑이 제 발 저린다

 죄를 지은 사람은 그것이 드러날까 봐 자기 속 마음으로 염려가 되어 너무 걱정하다가, 도리어 자기도 모르는 사이에 그 사실을 폭로하게 된다는 뜻.

*도둑질도 손이 맞아야 한다

 무슨 일이든지 도와 주는 사람이 있으면 그 일을 이루기 쉽다는 뜻.

*도랑 치고 가재 잡는다
 도랑을 치고 가재를 잡으면 가재가 있을 리가 있나? 일의 순서가 바뀌었을 때 쓰는 말. 또, 한 가지 일로 두 가지 이익을 볼 때 쓰는 말.

*도마에 오른 고기
 운명이 마지막 판에 이르렀다는 뜻.

*도토리 키 재기
 서로 별차이가 없는 처지인데도 불구하고 모두들 제가 잘났다고 떠든다는 뜻.

*독 안에 든 쥐
 쥐가 독 안에 들었으니, 어디로 피하겠는가? 피할 수 없는 위험한 지경에 빠졌다는 뜻.

*독불장군(獨不將軍)은 없다
 무슨 일이고 혼자서는 하기 어렵다는 뜻.

*독을 보아 쥐를 못 잡는다
  독 사이에 숨은 쥐를 잡으려 해도 독을 깰까 봐 못 잡듯이, 화나는 일이 있어도 곁에 있는 사람 체면을 생각해서 자신이 참는다는 뜻.

*돈만 있으면 귀신도 부릴 수 있다
  돈만 있으면 세상에 못 할 일이 없다는 뜻.

*돌다리도 두들겨 보고 건너라
  아무리 잘 아는 일이라도 세심하게 주의하라는 뜻.

*돌대가리
  머리가 둔하고 용렬한 사람을 두고 이르는 말.

*돌도 십 년을 보고 있으면 구멍이 뚫린다
  무슨 일이나 꾸준히 노력하면 안 되는 일이 없다는 뜻.

*돌부처도 꿈쩍인다
  아무리 순한 사람도 화낼 때가 있다. 지렁이도 밟으면 꿈틀한다.

*돌을 차면 제 발부리만 아프다
 화가 난다고 쓸데없이 아무 관계도 없는 데다 화풀이를 하면 도리어 제게 손해만 돌아온다는 뜻.

*동냥은 못할망정 쪽박이나 깨지 마소
 도와 주지는 못하더라도, 방해나 부리지 말라는 뜻.

*두부 먹다 이 빠진다
 방심하는 데서 뜻밖의 실수를 한다는 말.

*동문서답(東問西答)
 어떤 질문에 그와 전혀 반대되는 모순된 대답을 할 때 쓰는 말.

*되는 집에는 가지나무에 수박이 열린다
 운수가 좋아 잘 되어 가는 집에는, 저절로 좋은 일이 생긴다는 말.

*되로 주고 말로 받는다
 적게 주고 많이 받는다는 뜻.

*될성부른 나무는 떡잎부터 알아본다

　장래가 유망한 나무나 풀은 처음 싹이 날 때부터 알 수 있다는 말로서, 즉 결과가 좋을 것은 처음부터 그 기미가 보인다는 뜻.

*두 손도 마주 쳐야 소리난다

　무엇이고 상대편이 없이 혼자서는 하기 어렵다는 뜻.

*두 손에 떡

　양쪽 손에 떡을 쥐었으니, 어느 쪽의 떡을 먼저 먹어야 좋을지 모르겠다는 뜻으로, 두 가지 일을 하려고 하는데 어느 것을 먼저 해야 할지 쉽게 결정하지 못할 때 쓰는 말.

*두꺼비 파리 잡아먹듯

　두꺼비가 가만히 앉아서 널름널름 파리를 잡아먹듯, 잠자코 있다가 주는 대로 음식을 잘 받아 먹는 사람을 두고 이르는 말.

*둘러치나 메치나

　수단이나 방법을 어떻게 하든 결과는 마찬가지라는 말.

*둥근 돌은 구르나 모난 돌은 박힌다
 성격이 원만한 사람은 재물을 지키기 어렵지만 성미가 괴팍하고 까다로운 사람은 재물을 지킬 수 있다는 뜻.

*뒷간과 사돈 집은 멀어야 한다
 화장실은 가까우면 냄새가 나고 사돈 집은 가까우면 오고가는 말이 많으므로, 너무 가까우면 좋지 않다는 뜻.

*뒷간에 갈 적 마음 다르고, 올 적 마음 다르다
 제가 긴요할 때는 다급하게 굴다가, 저 할 일을 다 하면 마음이 변하는 사람을 두고 이르는 말.

*뒷간에 앉아서 개 부르듯 한다
 자기가 필요한 때만 찾는다는 뜻.

*뒷구멍으로 호박씨 깐다
 겉으로는 얌전한 척하면서 속으로는 음흉한 짓을 한다는 뜻.

*드는 정은 몰라도 나는 정은 안다
 대인 관계에서, 정이 드는 것은 쉽게 느끼지 못해도 싫어질 때는 바로 느낄 수 있다는 뜻.

*드는 줄은 몰라도 나는 줄은 안다

  무엇이든 느는 줄은 잘 몰라도 줄어드는 흔적은 표시가 금방 난다는 뜻.

*드문드문 걸어도 황소 걸음

  앞으로 나아가는 속도는 느리지만, 그것이 도리어 착실하다는 뜻.

*든 거지 난 부자

  집안 살림은 거지같이 보이나, 겉으로는 부자같이 보이는 사람.

*등잔 불에 콩 볶아 먹는 놈

  어리석고 옹졸하며, 하는 짓마다 보기에 답답한 일만 하는 사람을 두고 이르는 말.

*듣기 좋은 이야기도 자꾸 들으면 싫다

  아무리 좋은 일이라도, 여러 번 되풀이하면 싫증이 난다는 뜻.

*들으면 병이요, 안 들으면 약이다

  들어서 근심이 될 일이라면 차라리 듣지 않는 것이 낫다는 말.

*등에 찬물을 끼얹는 것 같다
　정신이 아찔하고 몹시 긴장됨을 이르는 말.

*등잔 밑이 어둡다
　가까운 데서 생긴 일을 도리어 먼 데서 일어난 일보다 잘 모른다는 뜻.

*따 놓은 당상이다
　어떤 일이나 결과가 이미 확실히 정해져 있으므로 염려 없다는 뜻.

*딸 없는 사위
　딸이 없어진 사위가 반가울 리가 있겠는가? 인연이 끊어져서 정이 떨어졌다는 뜻. 불 없는 화로

*딸이 다섯이면 문을 열어 놓고 잔다
　딸을 많이 둔 사람은 결혼시킬 때 돈이 많이 들어서 재산이 없으므로, 잘 때 문을 열어 놓고 자도 도둑이 훔쳐 갈 것이 없다는 뜻.

*땅 짚고 헤엄치기

  손으로 땅을 짚고 헤엄치는데 물에 빠질 리가 있겠는가? 모든 일이 안전함을 이르는 말.

*때리는 시어머니보다 말리는 시누이가 더 밉다

  겉으로는 위해 주는 체하면서 속으로는 헐뜯는 사람이 더 밉다는 뜻.

*때린 놈은 다리 못 뻗고 자도, 맞은 놈은 다리 뻗고 잔다

  가해자(加害者)는 마음이 불안하지만 피해자(被害者)는 마음이 편하다는 말.

*떡 본 김에 제사 지낸다

  무슨 일을 하는데 그 일에 꼭 필요한 물건을 얻게 되자, 곧 그것을 이용하여 해치울 때 쓰는 말.

*떡 주무르듯 한다

  이랬다 저랬다 자기 하고 싶은 대로 다룬다는 뜻. 먹고 싶은 떡을 자기 마음대로 주무르듯이 어떤 일을 자기가 하고 싶은 대로 하며 사는 것을 가리키는 말.

*떡 줄 놈은 생각도 않는데, 김칫국부터 마신다
  준비도 없이 너무 빠르게 시작할 때나, 되지 않을 일을 혼자서 기대하고 있을 경우에 쓰는 말.

*떡 해 먹을 집안
  불화가 있는 집안을 두고 이르는 말.

*떡도 먹어 본 사람이 먹는다
  무슨 일이나 경험이 풍부한 사람이라야 맡은 일을 능숙하게 할 수 있다는 뜻.

*떡두꺼비 같다
  어린아이의 외모가 탐스럽고 튼튼하게 생긴 모양을 이르는 말.

*떼 놓은 당상
  일이 확실하여 조금도 틀림이 없다고 하는 말, 또는 으레 자기가 꼭 차지하게 될 것이 틀림없음을 이르는 말. 받아 놓은 밥상.

*똥 누고 밑 안 씻은 것 같다
  일의 끝을 완전히 맺지 못하여 마음이 꺼림칙하다는 뜻.

*똥 누러 갈 적 마음 다르고 올 적 마음 다르다
　자기가 급할 때와 덜 급할 때에 따라 마음먹는 태도가 다르다는 뜻.

*똥 먹던 강아지 안 들키고, 겨 먹던 강아지 들킨다
　크게 나쁜 일을 한 사람은 안 들키고, 하찮은 일을 한 사람이 애매하게 남의 허물까지 뒤집어쓰게 되었을 때 씀.

*똥 찌른 막대기 같다
　창피한 모양이 되었다는 뜻.

*똥구멍으로 호박 씨 깐다
　겉으로는 어수룩해 보여도, 속은 맹랑한 사람을 가리킴.

*똥구멍이 찢어지게 가난하다
　몹시 가난하다는 뜻으로, 시골에서 가난한 사람은 나물만 먹기 때문에, 똥을 눌 때 똥이 잘 나오지 않아, 항문이 찢어지도록 몹시 아픈 경우가 있기 때문에 이렇게 말한다.

*똥은 건드릴수록 구린내만 난다
　악독한 사람을 건드리면 자꾸 불쾌한 일만 생긴다는 뜻.

*똥이 무서워서 피하나 더러워서 피하지
 행동이 나쁜 사람은 서로 상종할 수 없으니, 미리 알아서 삼가 피하라는 뜻.

*뚝배기보다 장 맛
 겉 모양보다는 속 내용이 낫다는 뜻.

*뚱딴지 같다
 뜻밖의 일이라는 뜻.

*뛰는 놈 위에 나는 놈도 있다
 잘난 사람이 있으면 그보다 더 잘난 사람이 또 있다는 뜻.

*뜨거운 국에 맛 모른다
 까닭도 모르고 날뛰는 사람, 혹은 무턱대고 행동하는 사람을 두고 이르는 말.

*뜨물 먹고 주정한다
 술도 취하지 않고서 취한 체하고 공연히 주정한다는 뜻.

*마누라 자랑은 팔불출의 하나다

  사람들에게 자기 아내의 자랑을 늘어놓는 것은 여덟 가지 못난 짓 가운데의 하나라는 뜻.

*마른 나무 좀 먹듯

  병으로 인해 몸이 점점 여위어 가거나 재산이 자기도 모르는 사이에 줄어드는 것을 두고 이르는 말.

*마른 나무에 물이 날까

  마른 나무에서 물이 날 리가 없다는 말로서, 원인이 없는 데서 결과가 이루어질 수 없다는 뜻.

*마른 하늘에 벼락 맞는다
 뜻하지 않은 큰 재앙을 당한다는 뜻.

*마소 새끼는 시골로, 사람 새끼는 서울로 보내라
 마소는 먹이가 풍부한 시골로 보내고, 사람은 견문이 많은 도회지로 보내야 성공할 수 있다는 말.

*마음에 없는 염불
 아무 정성도 들이지 않고 형식만 꾸민다는 뜻.

*마음은 굴뚝 같다
 속으로 하고 싶은 마음이 간절하다는 뜻.

*마파람에 게 눈 감추듯
 남풍(마파람)이 불면 대개 비가 오므로 남풍이 오면 게가 겁을 내어 눈을 빨리 감추므로, 음식을 어느 결에 먹었는지 모를 만큼 빨리 먹어치우는 것을 두고 이르는 말.

*말 가는 데 소도 간다
 능력이 부족하더라도 부지런히 노력하면 어느 정도 능력 있는 사람을 따라갈 수 있게 된다는 뜻.

*말 갈 데 소 갈 데 다 다녔다
  여기저기 안 간 데 없이 다 돌아다녔다는 뜻.

*말 많은 집에 장 맛도 쓰다
  집안에 잔말이 많으면 살림이 잘 안 된다는 뜻.

*말 속에 말 들었다
  말 속에 또 다른 뜻의 말이 숨어 있다는 뜻. 언중유골(言中有骨).

*말 안 하면 귀신도 모른다
  무슨 말이든 해야 알 수 있다는 뜻.

*말 타면 경마 잡히고 싶다
  처음에는 말이나 탔으면 하고 바라다가, 말을 타고 나서는 또 경마까지 잡히고 싶다는 뜻이니, 사람의 욕심은 한이 없다는 말.

*말 한 마디로 천냥 빚을 갚는다
  말을 잘 하고 못 하는 것은 일상 생활에 큰 영향을 끼치는 것이니, 말할 때는 언제나 조심하라는 뜻.

*말로 주고 되로 받는다
 줄 때는 많이 주고 되돌려 받을 때는 적게 받아 항상 손해만 보게 된다는 말.

*말은 적을수록 좋다
 사람이 말이 많으면 꼭 해야 될 말보다도 필요 없는 말을 많이 하게 되어 그 결과가 좋지 못하다는 뜻.

*말은 해야 맛이고, 고기는 씹어야 맛이다
 말은 하는 데 묘미가 있고, 음식은 씹는 데 참 맛이 있다는 뜻.

*말하는 남생이
 남의 말을 신용하지 않음을 이르는 말.

*맛없는 국이 뜨겁기만 하다
 사람답지 못한 이가 교만하고 까다롭게만 군다는 뜻.

*맛있는 음식도 늘 먹으면 싫다
 아무리 좋은 일이라도 같은 일을 늘 하면, 나중에는 싫증이 난다는 뜻. 듣기 좋은 이야기도 늘 들으면 싫다.

*맛좋고 값싼 갈치 자반
맛도 좋고 값까지 싸니 더 말할 것이 있겠는가? 한 가지 일에 두 가지 이익을 얻을 경우에 쓰는 말.

*망건 쓰고 세수한다
일의 순서가 뒤바뀌었다는 뜻.

*망건 쓰자 파장
장에 가려고 망건을 쓰고 나서자, 장은 벌써 다 파하였다는 뜻이니, 일이 늦어서 목적을 이루지 못할 때 쓰는 말.

*망신살이 무지개처럼 뻗쳤다
여러 사람 앞에서 몹시 창피를 당할 때 쓰는 말.

*매 끝에 정 든다
매를 맞든지 꾸지람을 들은 뒤에 도리어 정이 들게 된다는 뜻.

*매 위에 장사 있나
매로 때리는 데 굴복하지 않을 사람이 없다는 뜻.

*매도 먼저 맞는 놈이 낫다
  이왕 겪어야 할 일이면 아무리 어려운 일이라도 먼저 겪는 것이 낫다는 뜻.

*맺고 끊은 듯하다
  성질이 정직하고 엄격하다는 뜻.

*머리 검은 짐승은 구제를 말랬다
  사람들 중에는 짐승보다도 남의 은혜를 모르는 뻔뻔한 사람도 있으므로, 이런 사람은 아예 도와 줄 필요가 없다는 뜻.

*먹기 싫은 음식은 개나 주지, 사람 싫은 것은 백년 원수
  싫은 사람과 같이 지내는 것이 제일 곤란하다는 뜻.

*먹기는 아귀같이 먹고 일은 장승같이 한다
  먹기는 많이 먹으나 일은 조금도 하지 않는 사람을 가리키는 말.

*먹는 개도 안 때린다
  음식을 먹는 사람을 때리거나 꾸짖지 말라는 뜻.

*먹을 가까이하면 검어진다
  좋지 못한 사람과 친하게 같이 다니면 그와 마찬가지로 나쁜 것에 물들게 된다는 뜻. 근묵자흑(近墨者黑)

*먹줄 친 것 같다
  무엇이 쭉 곧은 것을 가리키는 말.

*먹지도 못하는 제사에 절만 죽도록 한다
  아무 소득도 없이 수고만 한다는 뜻.

*먼 데 단 냉이보다 가까운 데 쓴 냉이가 낫다
  먼 데 있는 좋은 물건보다도 가까운 데 있는 그것보다 못한 물건이 더 이용하기에 편하다는 뜻.

*먼 사촌보다 가까운 이웃이 낫다
  아무리 가까운 일가라도 멀리 떨어져 살면, 위급한 경우에 도와 줄 수 없으니, 도리어 아무 관계 없는 이웃 사람만도 못하다는 뜻.

*먼저 꼬리친 개, 나중 먹는다
  먼저 일을 서둔 사람이 뒤떨어진다는 뜻.

*멀면 정도 멀어진다
  사람은 친한 사이라도 멀리 떨어져 살면 접촉할 기회가 적어져 정도 저절로 멀어지게 된다는 뜻.

*멍군 장군
  두 사람의 다툼에서 옳고 그름을 가리기 어려운 경우를 이르는 말. 장군 멍군.

*메기가 눈은 작아도 저 먹을 것은 안다
  아무리 어리석고 우둔한 사람이라도 저에게 유리한 것은 잘 알아본다는 말.

*메뚜기도 오뉴월이 한창이다
  ①때를 만난 듯이 날뛰는 사람을 빗대어 이르는 말.
  ②무엇이나 한창일 때는 짧다는 뜻

*며느리 사랑은 시아버지, 사위 사랑은 장모
  며느리는 흔히 시아버지에게 귀염을 받고, 사위는 장모에게 귀염을 받는다는 말.

*며느리가 미우면 손자까지 밉다
  한번 밉게 보인 사람은 그에 딸린 사람까지도 모두 미워

만 보인다는 말.

*명주 자루에 개 똥
 겉보기에는 훌륭하나 속에 든 것은 형편없다는 말.

*모기 다리에서 피 빼다
 교묘한 수단으로, 도저히 구할 수 없을 것 같은 데서도 용하게 긁어 낸다는 뜻.

*모기 보고 칼 빼다
 모기에 노하여 칼을 빼어 든다는 말이니, 조그만 일에 쓸데없이 크게 노하는 사람을 두고 이르는 말.

*모기도 낯짝이 있다
 염치 없고 뻔뻔스럽다는 말. 족제비도 낯짝이 있다.

*모난 돌이 정 맞는다
 모가 난 돌을 쓰려면 정으로 때려 모를 없애서 쓰는 것이니, 사람도 성질이 둥글지 못하고 모가 난 사람은 남에게 미움을 받는다는 뜻.

*모래 위에 물 쏟는 격
 모래 위에 물을 쏟으면 물이 괼 수가 있겠는가? 소용없는 일을 한다는 뜻. 단솥에 물붓기

*모래 위에 쌓은 성
 수고는 하지만 아무 효과 없는 일을 함을 비유하는 말.

*모래로 방천한다
 모래로 방천(물이 들어오지 못하게 막는 둑)을 하면 금방 무너질 것이 아닌가? 수고만 하고 보람이 없다는 뜻.

*모로 가도 서울만 가면 된다
 수단과 방법을 가리지 않고 목적만 이루면 된다는 뜻.

*모르는 게 부처
 모르기 때문에 분한 마음도 불쾌한 감정도 일어나지 않는 것이 마치 자비심이 많은 부처님 같다는 말.

*모진 놈 옆에 있다가 벼락 맞는다
 일을 저지른 사람과 같이 있다가, 그 사람에게 내린 화가 자기에게도 미칠 때 쓰는 말.

*목구멍의 때도 못 씻었다

  음식을 자기 양에 차지 못하게 먹었다는 뜻.

*목구멍이 포도청이다

  먹지 않으면 목숨을 부지할 수 없으므로, 해서는 안 될 도둑질 같은 나쁜 짓도 한다는 뜻.

*목마른 놈이 우물 판다

  자기가 급하고 아쉬운 사람이 서둘러서 먼저 그 일을 시작한다는 뜻.

*목수 많은 집이 기울어진다

  목수가 많아 저마다 의견을 내세우고 떠들면서 도무지 이루어지는 일은 없고 집은 기울어진다는 말이니, 무슨 일이나 참견하는 사람이 너무 많으면 일이 잘 안 된다는 뜻. 사공이 많으면 배가 산으로 간다.

*못 먹는 감 찔러나 본다

  일이 자신에게 불리할 때 엉뚱한 데에 심술을 부려 훼방을 놓는다는 말.

*못된 소나무에 솔방울만 많다
  세상을 살다 보면 좋은 일은 그다지 없고 나쁜 일이 더 많이 있다는 뜻.

*못된 송아지 엉덩이에 뿔난다
  사람답지 못한 자가 건방진 행동을 하는 것을 두고 이르는 말. 못된 벌레 장판 방에서 모로 긴다.

*무 밑동 같다
  혼자 외롭게 되어 아무 데도 의지할 곳 없게 된 사람을 두고 이르는 말.

*무는 호랑이 뿔이 없다
  호랑이에게 뿔까지 있다면 얼마나 무섭겠는가? 세상에 무엇이든 완전히 다 갖출 수는 없다는 뜻.

*무른 땅에 말뚝 박기
  ①힘 없는 사람이 힘센 사람에게 강압을 당한다는 뜻.
  ②하는 일이 지극히 쉬운 것을 비유하는 말.

*무소식이 희소식이라
  객지에 가 있는 사람이 아무 소식도 전해 주지 않는 것은, 어떤 사고나 실패가 없다는 증거이므로 오히려 좋은 소식이라는 뜻.

*무쇠도 갈면 바늘 된다

단단한 무쇠도 갈면 가늘고 작은 바늘이 될 수 있다는 말로서, 꾸준히 노력하면 어떤 어려운 일도 이룰 수 있다는 뜻. 낙숫물이 댓돌을 뚫는다.

*무장지졸(無將之卒)

장수 없는 병졸, 즉 단체에 두목이 없을 때 쓰는 말.

*문틈에 손을 끼였다

이러지도 못하고 저러지도 못하는 어려운 지경에 빠져 있음을 가리키는 말.

*물 밖에 난 고기

물고기가 물 밖에 나왔으니, 죽게 된 운명이 아닌가? 즉, 죽고 사는 것이 이미 결정되었다는 뜻.

*물 쓰는 듯하다

돈을 함부로 헤프게 씀을 두고 이르는 말.

*물 위에 기름
 물에 기름을 섞으면 섞이지 않고 기름만 물에 뜨는 것 같이, 서로 잘 융화되지 않는 모양을 비유하는 말.

*물에 물 탄 듯, 술에 술 탄 듯
 ①아무리 노력해도 본바탕은 변하기 어렵다는 뜻.
 ②말이나 행동이 변화가 없이 싱겁다는 말.

*물에 빠지면 지푸라기라도 잡는다
 사람이 위급한 일을 당하면 보잘것 없는 이에게도 의지하려 한다는 말.

*물에 빠져도 정신은 차려야 한다
 아무리 어려운 지경에 이르렀더라도 정신을 잃어서는 안 된다는 뜻.

*물에 빠진 놈 건져 놓으니까 봇짐 내놓아라 한다
 남에게 신세를 지고도 그것을 갚기는커녕, 도리어 그 은인을 책망한다는 뜻.

*물에 빠진 생쥐 같다
 사람이나 물건이 물에 흠뻑 젖은 상태를 이르는 말.

*물은 건너 보아야 알고, 사람은 지내 보아야 안다
　사람의 마음은 실제로 겪어 보아야 안다는 뜻.

*물은 낮은 곳으로 흐른다
　모든 일은 순리대로 돌아가게 되어 있다.

*물은 트는 대로 흐른다
　사람은 가르치는 대로 교화되고, 일은 주선하는 대로 된다는 뜻.

*물이 가야 배가 오지
　남에게 베푼 것이 있어야 갚음이 있다는 뜻.

*물이 깊어야 고기가 모인다
　자기 덕이 커야 남이 많이 따른다는 뜻.

*물이 깊을수록 소리가 없다
　깊은 물은 소리 없이 흐르는 것처럼, 덕이 높고 생각이 깊은 사람은 장황하게 떠벌리거나 잘난 체하지 않는다는 뜻. 벼는 익을수록 고개를 숙인다.

*물이 너무 맑으면 고기가 모이지 않는다
　사람도 너무 지나치게 영리하거나 아는 체를 많이 하면 친구가 없다는 뜻.

*미꾸리 국 먹고 용트림한다
　실력도 없는 인물이 겉으로 큰 인물인 체하고 아니꼽게 군다는 뜻.

*미꾸라지 한 마리가 온 물을 흐린다
　나쁜 사람 하나가 온 집안이나 온 세상을 오염시키고 어지럽게 한다는 말.

*미꾸라지가 용 됐다
　보잘것없는 인물이 훌륭하게 되었다는 뜻.

*미련하기는 곰일세
　몹시 미련한 사람을 두고 이르는 말.

*미운 놈 떡 하나 더 준다
　미운 사람일수록 더 잘 대우하여 호감을 갖도록 해야 한다는 뜻.

*미운 털이 박혔나
  몹시 미워서 못 살게 구는 것을 이르는 말.

*믿는 도끼에 발등 찍힌다
  아무 염려 없다고 믿고 있던 일에 실패한다는 뜻.

*밑도 끝도 없다
  시작도 끝맺음도 없다 함이니, 까닭 모를 말을 불쑥 꺼낸다는 뜻.

*밑 빠진 독에 물 붓기
  아무리 힘을 들여 애써서 해도 한이 없고, 보람이 나타나지 않는 경우에 쓰는 말. 시루에 물 퍼 붓기, 한강에 돌 던지기.

*밑이 구리다
  숨기고 있는 범죄 때문에 떳떳하지 못한 상태를 뜻함.

*바가지 긁는다
  옛날에 콜레라가 돌 때 귀신을 쫓아낸다고 하여 바가지를 긁어 소리를 내었는데, 그 소리가 몹시 시끄러웠으므로, 잔소리가 심한 것을 비유하여 쓰는 말.

*바늘 간 데 실 간다
  바늘과 실은 서로 따라다니는 것처럼, 관계가 있는 사람끼리 서로 따르게 된다는 뜻.

*바늘 구멍에 황소 바람 들어온다
  추울 때 바늘 구멍만한 문 구멍으로 새어 들어오는 바람도 몹시 차다는 뜻.

*바늘 구멍으로 하늘 보기

　바늘 구멍으로 하늘을 보면 얼마나 보일까? 보고 들은 것이 좁은 사람을 두고 이르는 뜻.

*바늘 도둑이 소 도둑 된다

　나쁜 일일수록 점점 늘어서 나중에는 큰 일까지 저지르게 된다는 뜻.

*바늘 방석에 앉은 것 같다

　바늘로 만든 방석에 앉은 것처럼, 그 자리에 그대로 앉아 있기가 몹시 불편하다는 뜻.

*바다는 메워도 사람의 욕심은 못 메운다

　사람의 욕심은 한이 없다는 뜻.

*바보는 약으로 못 고친다

　어리석고 못난 사람의 행동이나 본성(本性)은 사람의 힘으로 고칠 수 없다는 말.

*바위를 차면 제 발부리만 아프다

　일시적 흥분을 참지 못하고 일을 저지르면 자기만 손해라는 뜻.

*박달나무도 좀먹을 때가 있다
　아무리 단단하고 야무진 사람도 어쩌다가 실패할 때가 있다는 말. 원숭이도 나무에서 떨어질 때가 있다.

*발 벗고 나선다
　남의 일을 위하여 적극적으로 나선다는 뜻.

*발 뻗고 자다
　걱정이 없어져서 안심하고 기를 펴게 되었다는 뜻.

*발 없는 말이 천 리 간다
　말은 퍼지기 쉬우니 말을 조심하라는 뜻.

*발가락의 티눈만큼도 안 여긴다
　업신여김이 매우 심하다는 뜻.

*발등에 불이 떨어졌다
　갑자기 어떻게 피할 수 없는 재앙이 닥쳐 왔다는 뜻.

*발보다 발바닥이 더 크다
　모든 일이 이치에 어긋났다는 뜻.

*발탄 강아지 같다

  처음 걷기 시작한 강아지 같다는 말이니, 몹시 분주한 사람을 가리키는 말.

*밤 말은 쥐가 듣고, 낮 말은 새가 듣는다

  말은 한번 하기만 하면 새어나가 퍼지는 것이니 말조심하라는 뜻. 발 없는 말이 천리 간다.

*밤새도록 울다가 누구 초상이냐고 한다

  무슨 영문인지 모르고 그 일에 참여하고 있는 어리석은 사람을 두고 이르는 말.

*밥 먹을 때는 개도 안 때린다

  아무리 큰 잘못이 있어도 음식을 먹을 때는 때리거나 꾸짖지 말라는 뜻.

*밥 빌어다 죽 쑤어 먹을 놈

  성질이 느리고 게으르며, 하는 짓이 어리석은 사람을 두고 이르는 말.

*밥 위에 떡

  그만해도 흡족한데 더 주어서 그 이상 바랄 것이 없음을

이르는 말. 금상첨화(錦上添花)

*밥은 열 군데서 먹어도 잠은 한 군데서 자랬다
  사람은 거처가 일정해야 된다는 뜻.

*방귀 뀌고 성낸다
  제가 잘못해 놓고 도로 성을 낸다는 뜻.

*방귀가 잦으면 똥이 나온다
  무슨 일이든 그 징조가 자주 보이면 결국은 그 일을 당한다는 뜻. 번개가 잦으면 천둥이 친다.

*배가 앞 남산만하다
  재산이 많고 아쉬울 것이 없어 거만한 사람이나, 또는 아이를 밴 여자의 배를 이르는 말.

*배고픈 호랑이가 원님을 알아보랴
  가난하고 굶주리면 주위를 돌아볼 겨를이 없다는 말.

*배꼽시계
  배가 고픈 것으로 시간을 짐작한다는 뜻.

*배보다 배꼽이 더 크다
　모든 일이 이치에 어그러졌다는 뜻.

*배운 도둑질
　버릇이 되면 그 일을 안 하려야 안 할 수 없게 된다는 뜻.

*배워야 면장을 한다
　남보다 더 나은 자리에 서려면 배워야 한다.

*배지 않은 아이 낳으라고 한다
　아무 준비가 없거나, 가진 것이 없는 물건을 내놓으라고 요구한다는 뜻.

*백 번 듣는 것이 한 번 보는 것만 못하다
　무엇이고 듣기만 하는 것보다는 실제로 보는 것이 더 확실하다는 뜻. 백문(百聞)이 불여 일견(不如一見).

*백년하청(百年河淸)
　되지도 않을 일을 기다린다는 뜻.

*백미에도 뉘가 있다
　아무리 완전한 것에도 조그만 결점은 있다는 뜻. 옥에도

티가 있다.

*백옥이 진흙에 묻힌다
 백옥 같은 보물도 진흙 속에 묻힌다는 말로서, 지금은 곤궁하지만 그가 지닌 결백한 절개는 결코 변하지 않는다는 뜻.

*백짓장도 맞들면 낫다
 가벼운 백짓장도 맞들면 낫다는 말로서, 아무리 쉬운 일도 혼자 하는 것보다 힘을 합쳐서 하는 것이 낫다는 뜻.

*밴댕이 콧구멍 같다
 밴댕이 콧구멍은 잘 찾기 어려울 정도로 작은데, 이처럼 몹시 소견이 좁고 용렬하여 답답한 사람을 두고 이르는 말.

*밴 아이 사내아이 아니면 계집아이
 앞으로 할 일이 둘 중의 하나라고 할 때 쓰는 말.

*뱁새가 황새를 따라가려면 다리가 찢어진다
 다리 짧은 뱁새가 다리 긴 황새를 따라가려면 다리가 찢어진다는 뜻으로, 자기의 처지나 형편은 생각지 않고 넉넉하고 잘 사는 사람과 같이 행동하려고 하는 사람을 경계하는 말.

*뱃가죽이 땅 두께 같다

 아주 배짱이 좋고 뻔뻔스러운 사람을 두고 이르는 말.

*버들가지가 바람에 꺾일까?

 버들가지는 가늘고 부드러워서 곧 바람에 꺾일 것 같지만 웬만한 힘에는 꺾이지 않는다. 즉, 부드러운 것이 단단한 것보다 더 강하다는 뜻.

*버선목이라 뒤집어 보이나

 남에게 의심을 받고도 변명할 도리가 없는 경우에 쓰는 말. 버선목 같으면 속을 뒤집어 보이겠지만 이런 일은 어떻게 변명할 도리가 없다는 뜻.

*번개가 잦으면 천둥이 친다

 무슨 일의 징조가 자주 보이면, 결국 그 일을 당하고야 만다는 뜻. 방귀가 잦으면 똥이 나온다.

*번갯불에 콩 볶아 먹기

 성질이 몹시 급하여, 무엇이고 그 당장에 처리해 버리려고 하는 사람을 두고 이르는 말. 번갯불에 담뱃불 붙이기.

*벌집을 건드렸다
 섣불리 건드려서 큰 골칫거리를 만들었다는 말.

*벌집을 쑤시다
 공연히 자기가 저지른 일에 자기가 도리어 해를 입는다.

*범 무서운 줄 모르는 하룻강아지
 철이 없어서 무서운 줄 모르고 함부로 덤벼든다는 뜻.

*범 무서워 산에 못 가랴
 마음에 꺼림칙하더라도 할 일은 해야 한다는 뜻.

*범도 죽을 때는 제 집을 찾는다
 죽을 때는 누구나 자기가 태어난 고향을 그리워한다는 뜻.

*범에게 날개
 무서운 범이 날개까지 가진 것처럼, 원래 위대한 힘이 있는데다가 더 큰 힘을 갖추었음을 이르는 말.

*범의 굴에 들어가야 범을 잡는다
 어떠한 목적을 이루기 위해서는 그만큼 위험을 무릅쓰고

노력을 하지 않으면 안 된다는 뜻.

*법은 멀고 주먹은 가깝다
 당장에 주먹다짐이라도 일어날 것 같은 경우에 쓰는 말로, 이치를 따져서 해결하는 것보다 앞뒤를 헤아림 없이 폭력을 먼저 쓰게 된다는 뜻.

*벙어리 냉가슴 앓듯
 걱정되는 일이 있어도 그 답답한 사정을 남에게 말도 못하고 저 혼자 속을 태우고 있음을 이르는 말.

*벙어리 속은 그 어미도 모른다
 말하지 않으면 그 내용을 도무지 알 수 없다는 뜻.

*벙어리 재판
 말 못 하는 벙어리들이 재판을 한다는 말로서, 몹시 곤란한 일을 두고 이르는 말.

*벼는 익을수록 고개를 숙인다
 벼 이삭이 잘 익으면 무거워 고개를 숙이듯이, 훌륭하고 많이 배운 사람일수록 교만하지 않고 겸손하다는 뜻.

*벼락치는 하늘도 속이겠다
  대담하게 남을 잘 속이는 사람을 두고 이르는 말.

*벼룩도 낯짝이 있다
  몹시 뻔뻔스러운 사람을 두고 이르는 말.

*벼룩의 간을 내어 먹는다
  몹시 인색한 사람, 즉 조그만 이익을 당치 않은 곳에서 얻어 내려 하는 경우를 이르는 말.

*변죽을 울린다
  북의 가장자리를 울린다는 뜻으로, 넌지시 눈치 차리게 하여 남을 깨우쳐 준다는 말.

*병 주고 약 준다
  남의 일을 훼방을 하여 망쳐 놓고는 도와주는 척하면서 남을 농간한다.

*병신 육갑한다
  겉으로는 병신같이 보이는 자가 가끔 속으로는 엉뚱한 일을 할 경우와 같은 때 쓰는 말.

*병신 자식이 효도한다

얼핏 생각하면 부모에게 효도하지 못할 성싶던 병신 자식이 도리어 효도한다는 뜻이니, 대단하게 여기지 않던 것이 도리어 뜻밖에 잘 이용될 때 쓰는 말.

*병풍의 닭

병풍에 그려 있는 닭이 무슨 소용이 있겠는가? 아무 실속이 없는 것을 두고 이르는 말.

*보기 좋은 떡이 먹기도 좋다

내용이 좋으면 겉모양도 그럴듯하게 보인다는 뜻.

*보쌈에 들었다

꾐에 빠져들어 꼼짝 못하게 되었다는 말.

*보채는 아이 밥 한 술 더 준다

가만히 있지 않고 직접 나서서 구해야 더 얻는다는 뜻.

*보채는 아이 젖 준다

아이도 보채야 젖을 주듯, 무슨 일이고 자기가 나서서 구해야 된다는 뜻.

*복날 개 패듯 팬다
  여름 복날에는 개를 많이 잡아먹으므로, 함부로 사람을 때린다는 뜻.

*본 놈이 도둑질한다
  그 내용을 잘 아는 사람이 그 일을 한다는 뜻.

*봄 꽃도 한때
  부귀와 영화도 한때일 뿐 오래 계속되지는 못한다는 뜻. 화무십일홍(花無十日紅).

*봄비에 얼음 녹듯 한다
  봄에 내리는 따뜻한 비에 얼음이 잘 녹듯이, 어떤 일이 쉽게 잘 풀린다는 뜻.

*부뚜막의 소금도 집어 넣어야 짜다
  솥 가까이 있는 소금이라도 집어넣지 않으면 짜지 않다는 말로서, 아무리 쉬운 일이라도 하지 않으면 소용없다는 뜻. 구슬이 서 말이라도 꿰어야 보배.

*부모가 착해야 효자가 난다
  부모가 착해야 아들도 부모를 따라 착하게 된다는 뜻. 윗

물이 맑아야 아랫물도 맑다.

*부모 속에는 부처가 들어 있고, 자식 속에는 앙칼이 들어 있다
 부모는 자식을 무한히 사랑하나 자식은 불효만 저지른다는 뜻.

*부부 싸움은 칼로 물 베기
 부부 사이의 싸움은 쉽게 풀린다는 뜻.

*부엉이 방귀 같다
 부엉이는 조그만 일에도 잘 놀라, 심지어 제 방귀에도 놀란다는 말이니, 잘 놀라는 사람을 두고 이르는 말.

*부엉이 셈하듯
 계산이 분명하지 않은 사람을 두고 이르는 말.

*부자는 망해도 삼년 먹을 것 있다
 넉넉하게 잘 살던 사람은 망했다 해도 얼마 동안은 남아 있는 재물로 그럭저럭 살아 나갈 수 있다는 뜻.

*부잣집 가운데 자식
 부잣집 가운데 아들은 아무 근심 없이 편하므로, 신세 편

하게 놀고 먹는 자를 두고 이르는 말.

*부잣집 맏며느리 같다
 후덕하고 복스럽게 생긴 여자를 두고 이르는 말.

*부잣집 외상보다 거지 맞돈이 좋다
 아무리 튼튼한 자리라도 외상보다는 맞돈이 낫다는 뜻.

*부지런한 물방아는 얼 새도 없다
 물방아가 쉬지 않고 돌면 겨울의 추운 날에도 얼지 않듯이, 무슨 일이고 부지런하면 반드시 성공한다는 뜻.

*부지런한 부자는 하늘도 못 막는다
 부지런한 사람은 반드시 부자가 된다는 뜻.

*부처님 가운데 토막
 대단히 온순한 사람을 두고 이르는 말.

*부처님 손바닥 안이다
 아무리 벗어나려 해도 달리 어떻게 할 방법이 없다는 뜻.

*부처님 위하여 불공하나

　부처님에게 불공 들이는 것은 자기의 복을 빌고자 하는 것이라는 말로서, 남을 위하여 하는 일도 결국은 자기의 일을 위하여 하는 것이라는 뜻.

*부처도 다급하면 거짓말 한다

　훌륭한 사람이라도 자기가 다급한 사정이 있을 경우에는 거짓말을 하게 된다는 뜻.

*북어 뜯고 손가락 빤다

　북어를 뜯어 먹고 손가락을 빨아 보았자 무슨 맛이 있을 것인가? 작은 이익을 당치도 않은 데서 보려고 하니 아무런 소득도 없다는 뜻.

*북은 칠수록 소리난다

　하면 할수록 형세가 더 강해지는 것을 이르는 말. 또는, 하면 할수록 그 만큼 손해만 커진다는 뜻.

*불난 집에 부채질한다

　엎친 데 덮친 격으로 불운한 사람을 더 불운하게 만들거나 노한 사람을 더 노하게 한다는 뜻. 불난 집에 키 들고 간다.

*불면 날 듯, 쥐면 꺼질 듯
 몹시 사랑하고 소중히 여기는 것을 두고 이르는 말.

*불알 두 쪽만 대그락대드락한다
 재산이라고는 아무것도 없고 다만 알몸뚱이밖에 없음. 즉, 가진 게 아무것도 없다는 뜻.

*불에 놀란 놈은 부지깽이만 보아도 놀란다
 무엇에 몹시 혼이 난 사람은 그것과 관련이 있는 물건만 보아도 겁을 낸다는 뜻.

*불집을 건드리다
 위험한 일을 자기가 스스로 자초한다는 뜻.

*비 맞은 중 같다
 남이 알아듣지 못하게 불평 섞인 말을 중얼거릴 때 쓰는 말. 소나기 맞은 중 같다.

*비 온 뒤에 땅이 굳어진다
 비가 온 뒤에 땅바닥이 단단해지는 것같이, 어떤 풍파가 있은 후에 일이 더 단단하게 아물어지는 것을 비유하는 말.

*비는 데는 무쇠도 녹는다

 자기의 잘못을 뉘우치고 빌면, 아무리 성질이 모질고 강한 사람이라도 용서하게 된다는 뜻. 귀신도 빌면 듣는다.

*비단 옷 입고 밤길 걷기

 비단 옷을 입고 밤에 길을 걸으면 누가 알아 줄 것인가? 애쓰고도 아무 보람이 없을 때 쓰는 말.

*비단 옷을 입으면 어깨가 올라간다

 가난하게 살던 사람이 갑자기 돈을 벌게 되면 제 분수도 모르고 우쭐거리게 된다는 뜻.

*비단결 같다

 성질이 곱고 깨끗하며 부드러운 사람을 두고 이르는 말.

*비둘기는 콩밭에만 마음이 있다

 먹을 것 있는 곳에만 정신을 기울인다. 즉, 현재 하고 있는 일과는 달리 속 마음은 엉뚱한 곳에 가 있다는 말.

*비짓국 먹고 용트림한다

 값싼 비짓국을 먹고도 가장 잘 먹은 체하면서 큰 트림을 하는 사람을 가리키는 말. 냉수 마시고 이 쑤신다.

*빈 수레가 더 요란하다

짐을 실은 수레보다도 빈 수레를 끌면 더 소리가 난다는 말로서, 사람도 지식이 없고 교양이 부족한 사람일수록 더 아는 체한다는 뜻.

*빈대 미워 집에 불 놓는다

자기에게 큰 손해가 되는 것도 돌아보지 않고, 보기 싫은 것을 없애기 위해서 그 일을 한다는 뜻.

*빈털터리

있던 재물 다 써 버리고, 아무것도 없이 된 사람을 가리키는 말.

*빚 주고 뺨 맞는다

남에게 잘 해 주고도 도리어 욕을 먹을 때 쓰는 말.

*빚진 죄인이다

빚을 진 사람은 빚쟁이에게 기가 죽어 마치 죄인처럼 된다는 뜻.

*빛 좋은 개살구

개살구는 빛은 좋으나 맛이 떫으므로, 겉모양은 그럴듯

하나 실속이 없다는 뜻.

*뻗어가는 칡도 끝이 있다

칡이 한창 자라 나갈 때는 끝없이 자랄 것 같지만 끝이 있듯이, 사람의 번영도 영원하지 않다는 뜻.

*뿌리 깊은 나무가 가뭄 안 탄다

뿌리가 깊이 땅에 박힌 나무는 가물어도 말라 죽지 않는다는 말이니, 근원이 깊으면 여간한 힘에도 흔들리지 않는다는 뜻.

*뿌리 없는 나무에 잎이 필까

뿌리가 없는 나무에 잎이 필 수 없다는 말로서, 원인이 없이는 결과가 있을 수 없다는 뜻.

*사공이 많으면 배가 산으로 올라간다
  일에 간섭하는 사람이 많으면, 도리어 뜻밖에 실패하는 수가 있다는 뜻.

*사냥 가는데 총 안 가지고 가는 것 같다
  무슨 일을 하러 갈 때 가장 요긴한 물건을 빠뜨리고 간다는 뜻.

*사돈 남 나무란다
  사돈에게 할 말을 노골적으로 직접 못하고 제삼자에게 말하는 것처럼 말하는 것을 그 쪽에서 못 알아 듣고, 그 말에 맞장구를 치는 것을 가리키는 말.

*사돈집 잔치에 감 놓아라 배 놓아라 한다
 필요 없는 간섭을 한다는 뜻.

*사또 떠난 뒤에 나팔
 기회를 놓쳐 버리고 나서 일을 한다는 뜻. 말 태우고 버선 깁는다.

*사또 덕분에 나팔 분다
 남의 힘을 빌려서 자기 일을 할 때 쓰는 말.

*사돈의 팔촌이라
 조금도 자기와 관계 없는 사이라는 뜻.

*사람 팔자 시간 문제다
 사람의 부귀(富貴)와 빈천(貧賤)은 바뀌기 쉽다는 뜻.

*사람과 쪽박은 있는 대로 쓴다
 살림살이에서 쪽박은 있는 대로 다 쓰이듯, 사람도 마찬가지로 제각기 다 쓸모가 있다는 말.

*사람은 죽으면 이름을 남기고, 호랑이는 죽으면 가죽을 남긴다
 사람은 생전에 좋은 일을 해서 명예로운 이름을 후세에

남겨야 한다는 뜻.

*사람의 마음은 하루에도 열두 번
  사람의 마음은 변하기가 쉽다는 뜻.

*사람의 새끼는 서울로 보내고, 마소의 새끼는 시골로 보내라
  사람은 도회지에서 자라야 여러 가지로 보고 듣는 것이 많아서 잘 될 수 있지만, 마소는 시골로 가야 먹을 것이 많다는 뜻.

*사위는 백년 손이요, 며느리는 종신 식구라
  사위나 며느리는 모두 남의 자식이지만 며느리는 제 집 사람이 되어 스스럼없으나, 사위는 정분이 두터우면서도 끝내 손님처럼 어렵다는 말.

*사자 어금니
  가장 요긴한 물건이라는 뜻

*사자 없는 산에 토끼가 대장 노릇 한다
  강한 자가 없으니까, 별로 신통하지도 못한 것이 센 체하고 날뛴다는 뜻.

속담 풀이

*사촌이 땅을 사면 배가 아프다
  일가 친척이나 남이 다소 잘 되는 것을 공연히 시기하는 사람을 두고 이르는 말.

*사후 술 석 잔 말고 생전에 한 잔 술이 달다
  죽은 뒤에 아무리 잘 해도 소용이 없으니 생전에 적은 대접이나마 잘 하라는 뜻.

*사흘 굶어 도둑질 아니 할 놈 없다
  아무리 착한 사람이라도 몹시 가난하고 궁하게 되면, 마음이 변해서 옳지 못한 짓까지 하게 된다는 뜻.

*사흘 책을 안 읽으면 머리에 곰팡이가 슨다
  짧은 기간이라도 책을 안 읽으면 머리가 둔해진다는 뜻.

*산 넘어 산이다
  고생되는 일이 갈수록 점점 더 심해진다는 뜻.

*산 닭 주고 죽은 닭 바꾸기도 어렵다
  산 닭을 주고 죽은 닭을 바꾸는 것이 얼마나 쉬운 일이겠는가? 그러나 죽은 닭이 꼭 필요하여 바꾸려면 산 닭을 주고도 죽은 닭과 바꾸기 어렵다는 뜻이니, 세상 물건이 다

필요해도 구하려면 어렵다는 뜻.

*산 사람 입에 거미줄 치랴
  아무리 가난하더라도 먹을 것이 생겨서 살아갈 수는 있다는 뜻으로, 산 사람이 굶어 죽지는 않는다는 말. 사흘 굶으면 양식 지고 오는 놈 있다.

*산 호랑이 눈썹
  살아 있는 호랑이 눈썹처럼, 얻기 어려운 것을 가리킨다.

*산에 가서 범을 피하랴?
  이미 눈앞에 닥친 위험은 도저히 피할 수가 없다는 뜻.

*산에 가야 호랑이를 잡는다
  발 벗고 적극적으로 나서야 비로소 목적을 이룰 수 있다.

*산은 오를수록 높고, 물은 건널수록 깊다
  갈수록 점점 더 어렵고 곤란해진다는 뜻.

*산이 깊어야 범이 있다
  자기에게 큰 덕망이 있어야 사람이 따른다는 뜻.

*산이 높아야 골이 깊다
  사람됨이 대범해야 품은 포부도 크다는 뜻.

*산전 수전(山戰水戰) 다 겪었다
  모든 세상 경험을 다 겪어 보았다는 뜻.

*살림에는 눈이 보배
  살림을 할 때는 눈으로 일일이 보살펴야 한다는 뜻으로, 살림하는 데는 눈이 제일 긴요하다는 말.

*살찐 놈 따라 붓는다
  남의 행동을 덮어놓고 따르는 사람을 두고 이르는 말.

*삼경에 만난 액
  한밤중에 만난 뜻밖의 모진 운수라는 말이다. 마른 하늘에 벼락친다.

*삼밭의 쑥대
  쑥이 삼밭에서 자라면 저절로 삼대처럼 꼿꼿해진다는 말이니, 사람도 선량한 친구와 사귀게 되면 저절로 그 감화를 받게 된다는 뜻.

*삼한 갑족(三韓甲族)
  고래(古來)로 문벌 있는 집안을 가리키는 말.

*상전의 빨래에 종의 발 뒤축이 희다
  아무리 신세진 사람을 위해서 하는 일이라도, 해 주고 나면 얼마간의 이득이 있음을 이르는 말.

*새 바지에 똥 싼다
  염치없고 뻔뻔스러운 사람을 두고 이르는 말.

*새 잡아 잔치할 것을 닭 잡아 잔치한다
  힘 안 들이고 쉽게 할 일을 도리어 어렵게 하게 되었다.

*새도 가지를 가려 앉는다
  친구나 직업은 잘 가려야 한다는 뜻.

*새발의 피
  지극히 적은 분량을 이르는 말. 조족지혈(鳥足之血)

*새우 미끼로 잉어 낚는다
  적은 자본으로 큰 이익을 본다는 뜻. 곤지 주고 잉어 낚는다.

*새우 싸움에 고래 등 터진다
 남의 싸움에 공연히 관계 없는 사람이 해를 입을 경우에 쓰는 말.

*샘이 깊은 물은 가물을 아니 탄다
 무슨 일이든 근본을 튼튼하게 하면 어떤 난관에도 흔들리지 않는다는 말.

*생파리 같다
 한 자리에 오래 머물러 있지 못하고, 이곳 저곳으로 옮겨 다니는 사람을 두고 이르는 말.

*서당 개 삼 년이면 풍월을 읊는다
 아무리 무식한 사람이라도 유식한 사람과 같이 오래 있으면, 다소 그 감화를 받게 된다는 말.

*서울 가는 놈이 눈썹을 빼고 간다
 먼 곳에 여행 떠나는 사람은 적은 짐이라도 거추장스러워서, 될 수 있는 대로 덜어 놓고 간다는 말.

*서울 가서 김 서방 찾기
 잘 알지도 못하고 막연히 찾아 다닌다는 뜻.

*서울 까투리
  몹시 약고 악바리 같은 사람을 두고 이르는 말.

*서울 소식은 시골 가서 들어라
  가까운 데 일을 먼 곳에서 더 잘 알고 있다는 말.

*서툰 도둑이 첫날 밤에 들킨다
  어쩌다 한번 나쁜 일을 처음 한 것을 공교롭게도 그만 들켜 버린다는 뜻.

*서툰 무당이 장구만 나무란다
  자기 기술이 부족한 것은 생각지 않고, 도구만 나쁘다고 탓한다는 뜻.

*선 무당이 사람 잡는다
  그 일에 익숙하지 못한 사람이 잘 하는 체하여 일을 그르쳐 놓는다는 뜻.

*선생의 똥은 개도 안 먹는다
  선생님 노릇하기가 무척 어렵고 힘이 든다는 뜻.

*설상가상(雪上加霜)
 눈 위에 서리까지 덮였다는 말로서, 점점 일이 악화되어 간다는 뜻.

*성급한 놈 술값 먼저 낸다
 성미가 급한 사람은 손해를 본다는 뜻.

*섶을 지고 불로 들어간다
 불 잘 붙는 섶을 지고 불 속에 들어간다는 말이니, 스스로 화를 자초한다는 뜻.

*세 살 적 버릇 여든까지 간다
 어렸을 때 습관은 늙어서도 고치기 어렵다는 뜻.

*소 닭 보듯 한다
 소와 닭이 서로 쳐다보고만 있다는 뜻으로, 서로 아무 관계 없이 지내는 것을 이르는 말.

*소 잃고 외양간 고친다
 소를 잃기 전에 외양간을 고쳐야지 소를 잃고 나서 외양간을 고치면 무슨 소용이 있는가? 실패한 뒤에 단속하는 경우에 쓰는 말.

*소 제 새끼 핥아 주듯
  자식에 대한 사랑이 깊다는 뜻.

*소같이 먹는다
  엄청나게 많이 먹는다는 말.

*소같이 벌어서 쥐같이 먹어라
  애써 번 것을 절약하여 쓰라는 말.

*소경 단청(丹靑) 구경하듯
  소경이 그림을 구경한들 알 수 있겠는가? 내용도 모르고 겉만 본다는 뜻.

*소경 매질하듯
  소경이 좌우를 분별 못하고 함부로 매질한다는 뜻으로, 옳고 그름을 잘 판단하지 못하고 함부로 행동함을 비유하는 말.

*소경 잠자나 마나
  일을 하나 마나 마찬가지라는 말.

*소경더러 눈 멀었다면 노여워한다
　누구나 자기의 단점을 들어 말하면 싫어한다는 뜻.

*소금 먹은 놈이 물 켠다
　소금을 많이 먹은 자가 물을 많이 마신다는 말. 즉, 은혜를 많이 입은 자가 결국은 그 은혜를 갚게 된다는 뜻.

*소금이 쉴까
　소금은 쉴 까닭(썩을 까닭)이 없다. 그러므로 절대 그런 일이 있을 수 없다고 할 때 쓰는 말.

*소도 언덕이 있어야 비빈다
　소가 언덕이 없으면 비빌 수 없는 것과 같이, 사람도 의지할 곳이 없으면 성공할 수 없다는 뜻.

*소라 껍질 까먹어도 한 바구니, 안 까먹어도 한 바구니
　무슨 일을 했는데 일한 표시가 나지 않을 때 하는 말.

*소한테 물렸다
　물지 않는 소에게 물렸다니, 하찮은 일에 뜻밖의 손해를 입었을 때 쓰는 말.

*소문난 잔치에 먹을 것 없다
 듣는 소문보다 실제에 있어 실속은 없다는 뜻.

*소한 추위는 꾸어서라도 한다
 해마다 소한 때는 반드시 춥다는 말.

*속 각각 말 각각
 속마음과 하는 말이 서로 다르다는 뜻.

*속 빈 강정
 겉만 그럴듯하고 실속이 없는 것을 비유하는 말.

*속히 더운 방이 쉬 식는다
 무엇이든지 쉽게 되는 것은 또한 쉽게 없어진다는 뜻.

*손으로 하늘 찌르기
 될 것 같지 않은 가망 없는 일이라는 뜻.

*솔개를 매로 보았다
 악한 사람을 착한 사람으로 잘못 보았다는 뜻.

*송곳 거꾸로 꽂고 발끝으로 차기
  어리석은 사람이 한 일이 도리어 자신에게 해가 되었을 때 쓰는 말.

*송곳 박을 땅도 없다
  사람이 많이 모여서 설 자리도 없게 된 상태를 말한다.

*송사는 졌어도 재판은 잘 하더라
  자기가 비록 송사에는 졌을망정 재판만은 공정히 하였으니, 조금도 미련이 없다는 말.

*솥 떼어 놓고 삼 년
  이사하려고 솥까지 떼어 놓고 삼 년씩이나 그냥 지난다는 말이니, 준비는 해 놓고도 실행을 못한다는 뜻.

*쇠 가죽을 무릅쓰다
  부끄러움을 돌아보지 않는 사람을 두고 이르는 말.

*쇠 고집 닭 고집
  고집이 센 사람을 두고 이르는 말.

*쇠 귀에 경읽기

  아무리 가르치고 일러 주어도 알아듣지 못함을 가리키는 말. 우이독경(牛耳讀經)

*쇠뿔 잡다가 소 죽인다

  조그만 일을 하다가 큰 일에 낭패를 본다는 뜻. 교각살우(矯角殺牛).

*쇠뿔도 단김에 빼라

  쇠뿔도 뜨겁게 달아 있을 때 빼야 쉽게 빠지지, 식으면 안 빠지는 것과 마찬가지로, 무슨 일이고 시작하면 그 즉시 끝을 맺어야 한다는 뜻.

*수박 겉 핥기

  수박의 껍질을 핥으면 무슨 맛이 있겠는가? 그와 마찬가지로 일의 내용도 모르고 그저 건성으로 그 일을 하는 체하며 넘긴다는 뜻.

*수염이 석 자라도 먹어야 양반

  아무리 점잖은 사람도 먹지 않고는 살 수 없다는 뜻.

속담 풀이 125

*술 덤벙 물 덤벙
 저에게 이익이 되는지 손해가 되는지 모르고 함부로 덤벙대는 사람을 두고 이르는 말.

*술 받아 주고 뺨 맞는다
 자기 돈을 써 가며 남을 대접하고 도리어 욕을 본다.

*술 익자 체 장수 지나간다
 일이 우연히 기회에 꼭 들어맞음을 비유하는 말.

*숭어가 뛰니까 망둥이도 뛴다
 자기의 처지는 생각하지도 않고 저보다 나은 사람을 덮어놓고 따르려고 한다는 뜻.

*시작이 나쁘면 끝도 나쁘다
 무슨 일이든 처음이 좋지 않으면 결국 끝도 좋지 않은 결과를 가져온다는 말.

*시작이 반
 일은 시작만 하여도 거의 반은 성공한 셈이라는 말.

*시장이 반찬
  배가 고프면 어떤 음식이라도 맛있게 잘 먹는다는 뜻.

*식은 죽 먹기
  아주 쉬운 일을 두고 이르는 말.

*식은 죽도 불어 가며 먹어라
  식은 죽이 뜨거울 리는 없으나 그래도 뜨거울지 몰라 불어 가며 먹으라고 하는 것이니, 무엇이든 틀림없을 듯한 일도 잘 알아보고 조심해서 하라는 뜻. 아는 길도 물어가라. 얕은 내도 깊게 건너라.

*식자우환(識字憂患)
  아는 것이 도리어 화근이 된다는 뜻.

*신 신고 발바닥 긁기
  신을 신고 발바닥을 긁으면 무슨 소용이 있나? 노력을 하여도 효과가 없다는 뜻. 목화 신고 발등 긁기.

*신선 놀음에 도끼 자루 썩는 줄 모른다
  재미있는 일에 정신이 팔려 시간 가는 줄 모르고 있는 상태를 두고 이르는 말.

*신을 거꾸로 신고 나간다
  반가운 사람을 맞으러 정신없이 허둥지둥 뛰어 나가는 것을 가리키는 말.

*실과(實果) 망신은 모과가 시킨다
  신통찮은 사람은 자기와 같이 있는 다른 이에게 늘 폐가 되는 일만 한다는 뜻. 어물전 망신은 꼴뚜기가 시킨다.

*실뱀 한 마리가 온 바닷물을 흐린다
  한 사람 잘못으로 전체에 명예롭지 못한 영향을 끼친다.

*십 년 세도 없고, 열흘 붉은 꽃 없다
  사람의 부귀 영화는 쉴 새 없이 바뀐다는 뜻.

*십 년이면 강산도 변한다
  십 년이란 세월이 흐르면 세상에 변하지 않는 것이 없다.

*십년 공부 도로아미타불
  여러 해 동안 애써 한 일이 실패로 돌아갔을 때 쓰는 말.

*십인 십색
  열 사람의 성격이나 사람됨이 제각기 다르다는 말.

*싸라기밥을 먹었나
  반말을 하는 사람을 두고 이르는 말.

*싸리 밭에 개 팔자
  남부럽지 않은 편안한 좋은 팔자라는 뜻.

*싸움은 말리고, 흥정은 붙이랬다
  좋은 일은 권하고 나쁜 일은 말려야 한다는 뜻.

*싸전에 가서 밥 달라고 한다
  쌀을 사다가 밥을 지어 먹는 것이 순서인데, 그 순서를 밟지 않고 싸전에 가서 밥을 달라는 말로서, 성질이 몹시 급하다는 뜻. 우물에 가 숭늉을 찾는다.

*싼 것이 비지떡
  값이 싼 물건은 품질도 나쁘다는 말.

*쌀광에서 인심 난다

　쌀이 들어 있는 광에서 인심이 난다는 말이니, 자기가 넉넉해야 비로소 남을 도와 줄 수 있다는 뜻.

*쌈지 돈이 주머니 돈

　돈이 쌈지에 들어 있거나 주머니에 들어 있거나 다 내 것이라는 뜻으로, 가족끼리의 재산은 누구의 것이나 다 마찬가지라는 말.

*쏘아 놓은 살이요, 엎지른 물이다

　한번 저지른 일은 다시 고쳐 할 수 없다는 뜻.

*쏜 살 같고, 총알 같다

　몹시 빠른 것을 비유하는 말.

*쑨 죽이 밥 될까

　일이 이미 글렀으니 다른 방법이 없다는 뜻.

*쓰면 뱉고 달면 삼킨다

　신의(信義)는 돌아보지 않고 제게 이로운 데로만 가담한다는 뜻. 감탄고토(甘呑苦吐).

*쓴 배도 맛 들일 탓
 아무리 쓴 배라도 재미만 붙이면 좋아진다는 뜻이니, 무슨 일이고 처음에는 싫던 것도 재미 붙여 계속하면 정이 든다는 말.

*쓴맛 단맛 다 보았다
 세상 살이의 괴로움과 즐거움을 다 겪어 보았다는 뜻.

*씨 도둑은 못한다
 콩 심은 데 콩 나고 팥 심은 데 팥 나듯, 사람은 대개 제 부모를 닮는다는 뜻.

*씨암탉 잡은 듯하다
 온 집안이 한자리에 모여 단란한 것을 두고 이르는 말.

*씻은 팥알 같다
 외양이 말쑥하고 똑똑한 사람을 두고 이르는 말.

*아가리가 광주리만 해도 말을 못한다
 염치가 없어 도저히 말할 엄두가 안 난다는 뜻.

*아끼다가 개 좋은 일만 한다
 귀하거나 맛좋은 음식을 남에게 주지 않고 아끼다가 썩어서 결국 개에게 주듯이, 너무 인색하게 굴다가 오히려 손해를 보게 된다는 뜻.

*아끼면 남고 사치하면 없어진다
 부족한 것도 아껴 쓰면 넉넉하여 남게 되고, 아무리 많아서 넘치는 것도 사치하면 모자라게 된다는 뜻.

*아내 나쁜 것은 백 년 원수, 된장 신 것은 일 년 원수
  아내를 잘못 맞으면 일평생을 망치게 된다는 뜻.

*아내가 귀하면 처갓집 말뚝 보고도 절한다
  아내가 귀하면 처갓집의 것은 무엇이고 다 귀하게 여기게 된다는 뜻으로, 지나친 애처가를 두고 이르는 말.

*아는 게 병
  ①알기는 알아도 똑바로 잘 알지 못하기 때문에 그 지식이 오히려 걱정거리가 된다는 말. 식자우환(識字憂患).
  ②도리를 알고 있는 것이 도리어 불리하게 되었을 때 쓰는 말.

*아는 길도 물어 가라
  아무리 잘 하는 일이라도 주의하여 실패가 없도록 단단히 해야 한다는 뜻.

*아니 구린 변소 있나
  원래 가지고 있는 본색은 감추기 어렵다는 말.

*아니 땐 굴뚝에 연기 날까?
  아궁이에 불을 때지 않는데 굴뚝에서 연기가 날 리가 있

는가? 무슨 일이든지 원인이 없이는 결과가 있을 수 없다는 뜻.

*아니 밴 아이를 자꾸 낳으라 한다
  아직 무르익지도 않은 일을 재촉한다는 뜻.

*아닌 밤중에 홍두깨
  별안간 불쑥 내놓는다는 뜻. 자다가 봉창 두드린다.

*아랫 사랑은 있어도 윗 사랑은 없다
  윗 사람이 아랫 사람은 사랑해도, 아랫 사람이 윗 사람을 사랑하는 일은 드물다는 뜻.

*아랫돌 빼어 웃돌 괴기
  우선 다급한 처지를 모면하기 위하여 이리저리 둘러맞추는 임시변통을 이르는 말.

*아무 때 먹어도 김가가 먹을 것이다
  자기가 취한 이익은 언제나 자기에게 돌아온다는 뜻.

*아무리 바빠도 바늘 허리 매어 쓰지 못한다

바늘 귀에 실을 꿰어 써야지 바쁘다고 바늘 허리에다 실을 매어 쓸 수 없는 것같이, 아무리 급해도 순서와 격식에는 맞춰야 한다는 뜻.

*아버지는 아들이 잘났다고 하면 기뻐하고, 형은 아우가 더 낫다면 노한다

부모는 자식이 자기보다 낫다고 하면 기뻐하지만, 형제 간은 그렇지 않다는 뜻.

*아비만한 자식 없다

자식이 아무리 훌륭하더라도 아비만은 못 하다는 뜻.

*아이 말 듣고 배 딴다

철없는 어린 아이의 말을 잘 곧이듣는 사람을 두고 이르는 말.

*아이 싸움이 어른 싸움 된다

작은 일이 차차 커진다는 말.

*아이 앞에서는 찬물도 못 마신다

아이들은 어른이 하는 것을 보면 그대로 따라하므로, 남

이 하는 대로만 따라 행동하는 사람을 두고 이르는 말.

*아이는 사랑하는 데로 붙는다
  사람은 자기에게 잘해 주는 데로 따른다는 말.

*아주머니 떡도 싸야 사 먹지
  아무리 친한 사이라도 자기에게 이익 없는 일은 하지 않는다는 뜻. 아주머니 술도 싸야 사 먹지.

*아직 이도 나기 전에 갈비 뜯는다
  자신의 실력도 제대로 모르면서 턱도 없이 힘에 겨운 짓을 하려고 덤벼든다는 뜻.

*아침 안개가 중머리 깐다
  여름철 아침에 안개가 낀 날 낮에는 중의 머리를 벗길 정도로 햇볕이 쨍쨍 쬐는 더운 날씨가 된다는 뜻.

*아침에 도를 들으면 저녁에 죽어도 좋다
  진리를 깨달으면 언제 죽어도 한이 없다는 뜻.

*악담은 덕담이라

  남을 헐뜯는 나쁜 말도 듣는 이에게 도리어 경각심을 일으켜 좋은 말을 해 준 결과가 될 때에 하는 말.

*악머구리 끓듯

  시끄럽게 떠들어대는 것을 두고 이르는 말.

*악화(惡貨)가 양화(良貨)를 내쫓는다

  좋지 않은 것이 좋은 것을 대신한다.

*안 되는 일은 넘어져도 코가 깨진다

  일이 안 될 때에는 예측하지 못한 뜻밖의 재화까지 일어남. 운수가 사나운 사람은 대수롭지 않은 일에서도 자꾸만 낭패를 보게 된다는 뜻.

*안 벽 치고 바깥 벽 친다

  두 사람 사이에 끼여, 이 사람에게는 저 사람의 결점을 말하고, 저 사람에게는 이 사람의 결점을 말하는 행동을 하는 사람을 두고 이르는 말.

*안방에 가면 시어미 말이 옳고, 부엌에 가면 며느리 말이 옳다

  이편의 말을 들으면 이편 말이 옳고, 저편의 말을 들으면

저편의 말이 옳다는 뜻.

*안성맞춤이라
 안성은 옛날부터 유기의 명산지이므로, 주문에 꼭 맞도록 만들었다. 그러므로 물건이 튼튼하고 마음에 꼭 들 때 쓰는 말.

*안팎 곱사등이라
 안팎 곱사등이는 뒤로 젖힐 수도 없고 앞으로 굽힐 수도 없으니, 일을 이렇게도 못 하고 저렇게도 못 할 경우에 쓰는 말.

*앉아서 주고 서서 받는다
 남에게 주기는 쉬워도 받기는 어렵다. 즉, 돈을 꾸어 주면 그것을 되돌려 받기가 매우 어렵다는 말.

*앉은뱅이 용쓴다
 불가능한 일을 억지로 하려고 애씀을 비유하는 말.

*앉은 자리에 풀도 안 나겠다
 사람이 너무 깔끔하고 매서우리 만큼 냉정하다는 뜻.

*알아도 아는 척 말랬다
설사 자신이 잘 아는 것이라도 자랑하여 뽐내지 말고, 마치 모르는 것처럼 겸손한 자세로 있어야 한다는 뜻.

*알아야 면장을 하지
남의 웃자리에 서려면 아는 것이 많아야 한다는 말.

*알토란 같다
너저분한 것이 없이 모양이 매끈하고 알찬 것.

*앓느니 죽지
앓느라고 고생하느니 차라리 죽어 모든 것을 잊어버리는 것이 낫다는 말로서, 이왕 조그만 고난을 당할 바에는 큰 고난을 겪어 버리는 것이 낫다는 뜻.

*앓던 이 빠진 것 같다
앓던 이가 빠지면 얼마나 시원하겠는가? 고통이 없어져서 상쾌함을 느낄 때 쓰는 말.

*암탉이 울면 집안이 망한다
남존여비(男尊女卑)의 사회 관습에서 나온 말로, 여자가 지나치게 까불어 대면 일이 잘 안 된다는 말.

*앞길이 구만 리 같다
  장래가 유망하다는 뜻.

*애는 썼으나 공은 없다
  어떤 일을 하는 데에 애는 많이 썼으나 아무런 공로도 세우지 못하였다는 뜻.

*애호박에 말뚝 박기
  심술궂은 짓을 한다는 뜻.

*약기는 참새 굴레도 씌우겠다
  몹시 약고 꾀 많은 사람을 두고 이르는 말.

*약도 지나치면 해롭다
  아무리 좋은 것이라도 정도가 지나치게 되면 도리어 해롭게 된다는 뜻.

*약빠른 고양이 앞을 못 본다
  너무 지나치게 약으면 도리어 기회를 놓치기 쉽다는 뜻.

*약방에 감초

한약에는 감초가 들어가는 약이 많으므로 한약방에는 반드시 감초가 있다. 그러므로 무슨 모임에든지 빠짐없이 늘 참석하는 사람을 두고 이르는 말.

*얌전한 고양이가 부뚜막에 먼저 올라간다

겉으로는 얌전한 척하는 사람이 뒤로는 오히려 더 나쁜 짓만 일삼는다는 뜻.

*양반은 물에 빠져도 개헤엄 안 친다

아무리 위급한 때라도 점잖은 사람은 자기 체면 깎이는 일은 하지 않는다는 뜻.

*양지가 음지 되고, 음지가 양지 된다

세상 일이란 돌고 도는 것이어서, 처지가 뒤바뀌는 경우도 많다는 말.

*얕은 내도 깊게 건너라

물이 얕은 시내도 깊은 물을 건너듯 조심해 건너라는 말로서, 모든 일을 언제나 조심해서 하라는 뜻.

*어깨 너머 공부
　남이 배우는 옆에서 얻어 배운 글이라는 뜻.

*어느 구름에서 비가 올지
　어느 때 어떠한 일이 생길지 모른다는 뜻.

*어느 장단에 춤을 추랴
　한 가지 일에 참견하는 사람이 많아 어느 말을 따라야 할지, 어떻게 해야 할지 모르겠다는 말.

*어느 집 개가 짖느냐 한다
　남이 하는 말을 듣는 척도 하지 않는다는 뜻.

*어두운 밤에 눈 깜빡이기
　남이 보지 않는 곳에서 아무리 애써 일을 하여도 아무런 보람이 없다는 뜻. 비단 옷 입고 밤길 걷기.

*어르고 뺨친다
　겉으로는 소중히 여기는 체하면서 속으로는 섭섭하게 대접함을 이르는 말.

*어른도 한 그릇, 아이도 한 그릇
  어른과 아이의 차별이 없이 모든 일을 공정하게 처리할 때 쓰는 말.

*어린 아이 말도 귀담아 들어라
  아무리 어린 아이의 말이라도 들어 흘리지 말고, 귀담아 들으라는 뜻.

*어린 아이 매도 많이 맞으면 아프다
  아무리 어린 아이가 때리는 매도 많이 맞으면 아프다는 말로서, 아무리 작은 손해라도 여러 번 보면 피해가 크다는 뜻. 가랑비에 옷 젖는 줄 모른다.

*어린 아이 팔 꺾는 것 같다
  ①아주 잔인스럽고 참혹한 일을 한다는 말.
  ②아주 쉬운 일이라는 말

*어린애 보는 데서는 찬물도 못 마신다
  어린 아이는 어른의 본을 따르므로, 어린 아이 앞에서는 행동을 주의하라는 뜻.

*어물전 망신은 꼴뚜기가 시킨다

  못난 사람은 언제나 제가 속해 있는 단체의 여러 사람에게 불명예스러운 짓만 하고 다니면서 폐를 끼친다는 뜻.

*어미 팔아 동무 산다

  사람이 세상을 살아가기 위해서는 꼭 친구가 있어야 한다는 말.

*어부지리(漁夫之利)

  두 사람이 다투고 있는 사이에 엉뚱한 사람이 이익을 가로챌 경우에 쓰는 말.

*어중이떠중이

  여러 방면에서 질서 없이 모여든 사람들. 오합지졸(烏合之卒)

*억지 춘향이

  사리에 맞지 않아 안 될 일을 억지로 한다는 뜻.

*억지가 사촌보다 낫다

  일을 하는 데 있어 꿋꿋하게 고집을 세워 나아가는 것이 사촌이 도와 주는 것보다도 낫다는 뜻.

*언 발에 오줌 누기
 언 발을 녹이려고 오줌을 누면 잠깐 동안은 언 것이 녹을지 모르나 나중에는 그 오줌까지 얼 것이니, 잠깐 급한 것을 피한 것이 결과는 도리어 더 나쁘게 되었을 때 쓰는 말.

*얻은 도끼나 잃은 도끼나 일반
 이익도 손해도 없다는 뜻.

*얼굴이 꽹과리 같다
 염치없고 뻔뻔스러운 사람을 두고 이르는 말.

*엄벙덤벙하다가 물에 빠졌다
 무슨 곡절도 모르고 덤비다가 낭패를 당했다는 말.

*업어 온 중
 억압에 못 이겨 남이 하라는 대로 따르는 사람을 두고 이르는 말.

*업은 아이 삼 년 찾는다
 자기 몸에 지닌 물건을 잃어버린 줄 알고 여기저기 찾으려 헤맬 때 쓰는 말.

*없어서 비단 옷

집이 가난하면 보통 때 입을 옷을 따로 마련할 수 없기 때문에, 결혼할 때 입던 옷이나 나들이할 때 입으려고 장만한 옷까지 할 수 없이 입게 된다는 말로서, 일부러 비단 옷을 입으려고 입는 것이 아니라 할 수 없이 입는다는 뜻.

*엉덩이에 뿔이 났다

아직 제 일을 제가 처리하지 못할 처지에 있는 자가 옳은 교훈을 받지 않고, 빗나가는 것을 두고 이르는 말.

*엎드려 절 받기

상대편은 마음에도 없는데, 이쪽에서 억지로 요구하여 대접을 받는다는 뜻.

*엎어지면 코 닿을 곳

거리가 매우 가까운 곳을 가리키는 말.

*엎지른 물

엎지른 물은 도로 주워 담을 수 없는 것같이, 후회해도 소용없다는 뜻.

*엎친 데 덮치다
  어려운 일, 또는 불행한 일을 당하고 있는데 또 겹쳐 다른 불행이 닥친다는 말. 설상가상(雪上加霜)

*여름에 하루 놀면 겨울에 열흘 굶는다
  훗일을 위하여 바쁠 때는 잠시라도 게을리 말라는 뜻.

*여반장
  손바닥을 뒤집는 것처럼 일이 몹시 쉽다는 뜻.

*여우를 피해 가니 호랑이가 나타난다
  힘든 일을 넘기니까, 더 힘든 일이 기다리고 있다는 뜻.

*여자의 악담에는 오뉴월에도 서리가 내린다
  여자가 원한을 품고 있으면 그 영향이 몹시 크다는 뜻.

*열 길 물 속은 알아도, 한 길 사람 속은 모른다
  사람의 마음은 짐작하여 알기 어렵다는 뜻.

*열 놈이 지켜도 한 놈의 도둑을 못 당한다
  아무리 여러 사람이 지키더라도 도둑 한 사람을 못 당한다는 말로서, 아무리 지켜도 도둑이 훔치려고 마음만 먹으면 당할 수밖에 없다는 뜻.

*열 번 찍어 아니 넘어가는 나무 없다
 아무리 튼튼한 나무라도 여러 번 찍으면 쓰러진다는 말로서, 아무리 마음이 굳센 사람이라도 여러 번 꾀면 그 마음이 움직인다는 뜻.

*열 벙어리가 말을 해도 가만 있거라
 모든 일에 관계하지 말고, 잠자코 있으라는 말.

*열 손가락 깨물어 안 아픈 손가락 없다
 아무리 자식이 많아도 귀엽지 않은 자식은 없다는 뜻.

*열 일 제치다
 한 가지 특별한 일 때문에 여러 가지 일을 그만둔다는 말.

*열두 가지 재주에 저녁 거리가 없다
 여러 가지로 재능이 있는 사람이 곤궁(困窮)에 빠졌을 때 쓰는 말.

*열흘 길 하루도 아니 가서
무슨 일이든지 오랫동안 경영할 일을 처음부터 싫어한다는 말.

*염불에는 마음이 없고, 잿밥에만 마음이 있다
자기가 마땅히 해야 할 일에는 정성을 들이지 않고, 딴 곳에만 마음을 둔다는 뜻.

*염소 물똥 누는 것 보았나
염소는 언제나 된똥만 누고 물똥은 절대로 누지 않기 때문에, 있을 수 없는 일을 말할 때 쓰는 말.

*염치와는 담 쌓은 놈
아주 염치없고 뻔뻔스러운 사람을 두고 이르는 말.

*엿 먹어라
남을 은근히 골탕 먹이거나 속여 넘길 때에 하는 말.

*영리한 고양이가 밤눈 못 본다
똑똑한 사람이라도 때로는 하찮은 문제를 해결하지 못하는 경우가 있음을 이르는 말.

*오뉴월 감기는 개도 안 앓는다
　여름에 감기 앓는 사람은 못난 사람이라고 조롱하는 말.

*오뉴월 똥파리 꾀듯 한다
　멀리 있는 먹을것을 잘 알고 오는 사람을 조롱하는 말. 어디든지 먹을 것이라면 용케도 잘 찾아 다니는 사람을 두고 하는 말. 몹시 귀찮게 덤빈다는 뜻.

*오뉴월 볕 하루가 무섭다
　오뉴월은 해가 길기 때문에, 잠깐 동안에 생긴 차이가 현저하게 다르다는 뜻. 오뉴월 하루 볕도 무섭다.

*오는 말이 고와야 가는 말도 곱다
　저쪽에서 온순한 말을 해야, 이쪽에서도 역시 온순한 말로 대하게 된다는 말.

*오는 정이 있어야 가는 정도 있다
　남에게서 무엇을 받으면, 그 보답으로 나도 갚는 것이 있어야 한다는 뜻.

*오동나무 보고 춤춘다
　오동나무로 거문고를 만들기 때문에 이렇게 말한다. 아

직 거문고도 만들기 전에 오동나무만 보고도 춤을 춘다는 말로서, 성미가 너무 급하여 미리 서둔다는 뜻.

*오라는 데는 없어도 갈 데는 많다

자기를 알아 주거나 청하는 데는 없어도 자기가 가야 할 데나 해야 할 일이 많음을 이르는 말. 바쁘다는 뜻으로 쓰인다.

*오랜 가뭄 끝에 단비 온다

오랜 가뭄 끝에 비가 와서 농민들이 매우 좋아하듯이 오래도록 기다렸던 일이 성사되어 기쁘다는 뜻.

*오를 수 없는 나무는 쳐다보지도 말라

도저히 이룰 수 없는 일은 아예 손도 대지 말라는 뜻.

*오 리 보고 십 리 간다

아주 작은 일이라도 유익한 일이면 수고를 아끼지 않는다는 뜻.

*오장이 뒤집힌다

분이 치밀어 견딜 수가 없다는 뜻.

*오지랖이 넓다

 자기에게 관계 없는 일에 간섭을 잘 한다는 뜻. 또는 염치없게 행동할 때도 쓴다.

*옥에도 티가 있다

 아무리 훌륭한 사람이라도 한 가지 결점은 있다는 뜻.

*옥 쟁반에 진주 구르듯

 목소리가 맑고 깨끗하며 또렷한 것을 뜻하는 말.

*온 바닷물을 다 켜야 맛이냐

 욕심이 한이 없는 사람을 두고 이르는 말.

*온몸이 입이라도 말 못한다

 잘못이 이미 드러났으므로, 변명할 여지가 없다는 뜻.

*올빼미 눈같이

 낮에 잘 보지 못하는 올빼미처럼, 자기 앞에 돌아온 것도 못 알아본다는 뜻.

*올챙이 적 생각은 못하고 개구리 된 생각만 한다
 어렵게 지내던 일은 다 잊어버리고, 지금 호강하는 생각만 하고 교만한 태도를 가진다는 뜻.

*옷은 새 옷이 좋고 사람은 옛 사람이 좋다
 옷은 깨끗한 새 옷이 좋지만 사람은 오래 사귀어 인정이 두터울수록 좋다는 뜻.

*옷이 날개다
 못난 사람도 옷이 좋으면 인물이 한층 더 훌륭하게 보인다는 뜻.

*왕후 장상이 씨가 있나?
 훌륭한 인물이란 가계(家系)나 혈통이 좋아서 되는 것이 아니고, 오직 그 사람의 노력 여부에 달렸다는 말.

*외갓집 들어가듯
 문 밖에서 주인을 찾는 일도 없이 자기 집 들어가듯 꺼림없이 쑥 들어감을 두고 이르는 말.

*외나무 다리에서 만날 날이 있다
 남에게 원수를 맺으면 피하기 어려운 곳에서 반드시 액

을 당하게 된다는 말.

*외상이면 소도 잡아먹는다
　맞돈이면 할 수 없지만 외상이면 무엇이든지 한다는 뜻.

*왼 새끼를 꼰다
　몹시 걱정되는 일이 있어 애를 태우는 일.

*용 가는 데 구름 간다
　언제나 같이 다니며 둘이 서로 떨어지지 않을 경우에 쓰는 말. 바늘 가는 데 실 간다.

*우는 아이 젖 준다
　무슨 일이나 원하는 사람이 구할 수 있다는 뜻.

*우렁이 속 같다
　도무지 그 내용을 헤아려 알기 어려움을 비유하는 말.

*우물가에 어린애 보낸 것 같다
　어린 아이가 우물에 빠질까 봐 전전긍긍한다는 말로, 익숙하지 못한 사람에게 무슨 일을 시켜놓고 마음이 불안하다는 뜻.

*우물 귀신 잡아 넣듯 한다

우물에 빠져 죽은 귀신은 그 우물에다 자기 대신 다른 사람을 잡아 넣어야 비로소 그 우물에서 빠져 나온다고 한다. 즉, 어려운 일에 자기는 빠져 나오고 남을 대신 밀어 넣는다는 뜻.

*우물 들고 마시겠다

성미가 몹시 급하다는 뜻.

*우물 안 개구리

우물 안에서만 살던 개구리는 우물 밖의 세상은 모르는 것처럼, 보고 들은 것이 없어 세상 형편에 어두운 사람을 두고 이르는 말.

*우물 옆에서 말라 죽겠다

우물 물을 퍼 마시면 될 것인데 우물을 옆에다 두고도 말라 죽는다니, 그만큼 사람이 융통성이 없다는 뜻.

*우물에 가 숭늉 찾는다

물을 길어다가 밥을 지은 후에 숭늉이 있는 것인데, 우물에 숭늉이 있을 리가 있는가? 모든 일에 있어 절차도 모르고 급히 서두른다는 뜻. 싸전에 가서 밥 달라고 한다.

*우물을 파도 한 우물을 파라

　조금 파다가 물이 안 나온다고 자꾸만 이곳 저곳 옮겨 파면 결국 힘만 들지 물은 안 나온다는 말로서, 무슨 일이고 시작하면 그 일을 처음부터 끝까지 철저히 하지 않으면 성공하지 못한다는 뜻.

*우선 먹기는 곶감이 달다

　나중에는 어떻든지, 지금 당장 먹는 것이 좋다는 뜻.

*우수 경칩에 대동강이 풀린다

　춥던 겨울 날씨도 우수와 경칩이 지나면 따뜻해지기 시작한다는 말.

*운명은 대담한 것을 좋아한다

　과감한 용단이 없이는 운명을 개척할 수 없다는 뜻.

*울며 겨자먹기

　눈물까지 흘리며 억지로 겨자를 먹는 것같이, 하기 싫은 일을 마지못해 억지로 한다는 뜻.

*울지 않는 아이 젖 주랴

　아이도 울지 않으면 미리 젖을 주지 않는다는 말이니, 자

기가 요구하지 않는 것을 줄 리가 없다는 뜻.

*웃는 낯에 침 못 뱉는다
  간절히 빌고 애원하는 사람에게는 책망할 수 없다는 뜻.

*웃으며 한 말에 초상난다
  농담으로 한 말이 살인까지 나는 수가 있으니, 말이란 언제나 조심해야 한다는 뜻.

*웃음 속에 칼이 있다
  겉으로는 친절한 체하지만 속으로는 도리어 해치려는 마음을 품고 있다는 말. 소중유검(笑中有劍)

*원님 덕에 나팔 분다
  남의 덕에 호강함. 즉, 훌륭하고 덕이 높은 사람을 따르다가 그 덕으로 분에 넘치는 대접을 받게 된다는 뜻.

*원수는 외나무 다리에서 만난다
  원수진 사람을 아무리 대하기 싫어도 외나무 다리에서 만나게 되었으니 어떻게 피하겠는가? 도저히 피할 수 없이 나쁜 운을 당했다는 뜻.

*원숭이 볼기짝 같다
  얼굴이 붉은 사람을 욕하는 말.

*원숭이 흉내 내듯
  남의 흉내를 내어 행동하는 사람을 두고 이르는 말.

*원숭이도 나무에서 떨어진다
  아무리 익숙하고 잘 하는 일도 가다가 실수할 때가 있다는 뜻. 항우도 낙상할 때가 있다.

*웬 불똥이 튀어 박혔나
  어떤 액이 미쳤다는 말.

*윗물이 맑아야 아랫물이 맑다
  위에서 흘러 오는 물이 흐리면 아래의 물은 저절로 흐릴 것이 아닌가? 즉, 위에 있는 사람이 잘못하면 아래에 있는 사람도 따라서 잘못하게 된다는 뜻.

*은행나무도 마주 봐야 열린다
  은행나무는 암나무와 수나무가 옆에 있어야 열매를 맺듯이, 남녀도 서로 결합해야 집안이 번영한다는 뜻.

*음식은 갈수록 줄고 말은 갈수록 는다

  음식은 전달하여 갈수록 점점 줄고, 말은 이 사람 저 사람 옮겨 전할수록 보태게 된다는 뜻.

*음지도 양지 된다

  운 나쁘던 사람도 좋은 운을 만날 때가 있다는 뜻.

*의사가 제 병 못 고친다

  자기에 관한 일은 자기가 처리하기 어렵다는 뜻.

*이 아픈 날 콩밥 한다

  운이 나쁜데, 그 위에 또 운 나쁜 일이 생긴다는 뜻.

*이 없으면 잇몸으로 산다

  있던 것이 없어져서 부자유하기는 하나, 그래도 참고 견디면 버티어 나아갈 수 있다고 할 경우에 쓰는 말.

*이도 아니 나서 콩밥을 씹는다

  재주와 힘이 부족한 사람이 제 힘에 겨운 행동을 하려고 한다는 뜻.

속담 풀이

*이름 좋은 하눌타리
겉은 그럴듯하나, 실속은 없다는 뜻.

*이리를 내쫓고 양을 기른다
악한 사람은 내보내고 선한 사람은 도와 준다는 뜻.

*이마를 찔러도 피 한 방울 안 나겠다
몹시 인색한 사람을 두고 이르는 말.

*이불 속에서 활개친다
아무도 없는 곳에서 저 혼자서 큰소리친다는 뜻.

*이사할 때 강아지 따라 다니듯
어디든지 늘 붙어 같이 다님을 비유하는 일.

*이웃 사촌
이웃 사람끼리 서로 도우며 의좋게 지내는 것을 가리키는 말.

*이웃집 개도 부르면 온다
사람을 초청해도 오지 않는 것을 나무라는 말.

*인왕산 모르는 호랑이가 있나
　인왕산에는 옛날부터 호랑이가 많았는데, 호랑이는 반드시 한 번씩은 이 산을 다녀갔다고 한다. 그러므로 그 방면에 있는 사람이면 누구나 환히 잘 알고 있는 뻔한 사실이라는 뜻.

*인천 바다가 사이다라도 컵이 있어야 떠 먹는다
　아무리 먹을 것이 눈 앞에 많이 있더라도 그것을 먹으려면 노력과 준비가 필요하다는 뜻.

*잃은 도끼나 얻은 도끼나 일반
　헌 물건이나 새 물건이나 별로 다름이 없다는 말.

*입 아래 코
　일의 순서가 뒤바뀌었다는 말.

*입과 혀는 재앙과 근심이 들어오는 문이다
　인생을 살아가는 데 있어서, 말 조심을 하지 않으면 재앙과 근심을 면치 못한다는 뜻.

*입술에 침이나 바르지
　거짓말을 잘 하는 사람을 두고 이르는 말. 혓바닥에 침이나 묻혀라.

*입에 맞는 떡
 자기 비위에 꼭 맞음. 즉, 마음에 꼭 드는 물건이나 일을 가리키는 말.

*입에 쓴 약이 병에는 좋다
 쓴 약은 먹기가 괴로운 것처럼, 당장은 괴로우나 결과는 이롭다는 뜻.

*입은 마음의 문이다
 입은 마음 속에 품고 있는 말이 나오는 문의 구실을 한다는 뜻.

*입은 비뚤어졌어도 말은 바로 해라
 말은 정직하게 해야 한다는 뜻.

*입은 화의 문이요, 혀는 몸을 베는 칼이다
 말을 잘못하면 낭패를 당하게 되므로 말을 하기 전에는 신중하게 생각하여 하라는 뜻.

*입의 혀 같다
 제 뜻대로 움직여 주어서, 매우 편리하다는 뜻.

*입이 여럿이면 무쇠도 녹인다
 여러 사람이 의견의 일치를 보면 무슨 일이든지 할 수 있다는 뜻.

*입이 열 개라도 할 말이 없다
 변명할 여지가 없다는 말.

*입추의 여지가 없다
 빈틈이 없다. 발 들여 놓을 틈도 없다는 말.

*잉어가 뛰니까 망둥이도 뛴다
 힘이 미치지 못하는 자가 분에 넘치는 남의 행동을 모방함을 두고 이르는 말.

*자는 벌집 건드린다

잠잠한 벌집을 건드려서 벌 떼들이 달려들어 쏘였다는 말로서, 가만히 있는 것을 그대로 두었던들 아무 탈이 없었을 것을 섣불리 건드려 공연히 큰 일을 일으킨다는 뜻. 자는 범 코침 주기.

*자다가 벼락 맞는다

급작스레 뜻하지 않았던 변을 당하여 어쩔 줄 모를 때를 일컫는 말.

*자다가 봉창 두드린다

얼토당토않은 딴 소리를 한다는 뜻.

*자라 목이 되었다
 점점 줄어드는 것을 비유하는 말.

*자라 보고 놀란 가슴 솥뚜껑 보고 놀란다
 자라 보고 놀라서 자라 비슷한 솥뚜껑을 보고도 놀란다는 말로서, 어떤 일에 한번 놀라고 나서는 그와 비슷한 것만 보아도 겁이 난다는 뜻.

*자식 겉 낳지 속은 못 낳는다
 제가 낳은 자식이지만 마음 속까지는 어떻게 할 수 없다는 뜻.

*자식도 품 안에 있을 때 자식이지
 자식은 어렸을 때나 부모 뜻대로 다루지 크면 마음대로 할 수 없다는 말.

*자식을 길러 봐야 부모 은공을 안다
 부모의 입장이 되어 봐야 비로소 부모님의 길러 준 은공을 헤아릴 수 있다는 말.

*작은 고추가 맵다
 작은 사람이 큰 사람보다도 더 재주가 뛰어나고 야무짐

을 이르는 말.

*잔 고기 가시 세다
　보기에는 조그맣게 생겼어도 속은 알차다는 뜻.

*잔디밭에서 바늘 찾기
　아무리 찾아도 잘 눈에 뜨이지 않을 때 쓰는 말.

*잔칫날 잘 먹으려고 사흘 굶을까
　훗날 있을 일만 믿고 막연히 기다리겠느냐는 뜻.

*잔칫집에는 같이 가지 못하겠다
　남의 결점을 잘 말하는 사람은 잔칫집처럼 사람이 많이 모인 곳에 가면, 자기의 잘못을 여러 사람 앞에서 말하기 쉬우므로, 같이 가지 못하겠다는 뜻.

*잘 되면 술이 석 잔이요 못되면 뺨이 세 대다
　예로부터 내려오던 말로, 결혼 중매는 잘하면 술을 얻어 먹게 되고, 잘못하면 매를 맞게 되므로 조심해서 주선하라는 말.

*잘 되면 충신이요, 못 되면 역적이다
 일이 성공하면 칭송을 받고, 실패하면 멸시당하는 것이 세상 일이라는 뜻.

*잘 되면 제 탓, 못 되면 조상 탓
 일이 잘 되었으면 자기가 잘 해서 그렇게 되었다고 하고, 잘못되었으면 조상의 탓이라고 한다는 말로서, 결과가 좋으면 자기가 잘 해서 된 것으로 여기고, 나쁘면 남을 원망한다는 뜻.

*잘 자랄 나무는 떡잎부터 알아본다
 잘 될 사람은 어려서부터 남달리 장래성이 엿보인다.

*잘 집 많은 나그네가 저녁 굶는다
 일을 너무 어지럽게 여러 가지로 벌여 놓기만 하면 결국에는 일의 결실을 보지 못하고 실패하게 된다는 뜻.

*잘하는 거짓말이 못하는 진실만 못하다
 거짓말은 아무리 잘해도 이로울 것이 없다는 말.

*잠결에 남의 다리 긁는다
 남의 일을 자기 일로 잘못 알고 수고한다는 뜻.

*잠꾸러기 집은 잠꾸러기만 모인다
  어떤 집단이든지 비슷한 유형의 사람이 모이게 마련이라는 뜻.

*잠을 자야 꿈을 꾸지
  꿈을 꾸려면 잠이 들어야 되지 않겠는가? 즉 어떠한 결과를 얻으려면 정당한 순서를 밟아야 한다는 뜻.

*잠자코 있는 것이 무식을 면한다
  아무 말도 않고 가만히 있으면 자신의 무식이 드러나지 않는다는 뜻.

*잡은 꿩 놓아 주고 나는 꿩 잡자 한다
  공연히 어리석은 짓을 하여 헛수고를 한다는 뜻.

*장가 가는 놈이 불알 떼어 놓고 간다
  그 일에 가장 중요한 것을 빼 놓았다는 뜻.

*장구를 쳐야 춤을 추지
  거들어 주는 사람이 있어야 일을 할 수 있다는 뜻.

*장님 개천 나무란다
 자기의 잘못은 모르고 남만 탓한다는 뜻.

*장님 문고리 잡았다
 어쩌다가 요행히 일을 이루었다는 뜻.

*장님 손 보듯 한다
 조금도 반가워하는 기색이 없음을 비유하는 말.

*장님 제 닭 잡아 먹기
 남에게 손해를 끼치려다 자신이 오히려 손해를 봄.

*장대로 하늘 재기
 될 가망이 없는 일을 하는 것을 가리키는 말.

*장마다 꼴뚜기 날까
 언제나 자기 마음에 드는 일만 있는 것이 아니라는 뜻.

*장부 일언 중천금
 사내 대장부가 한 말은 천금의 무게가 있다는 말로서, 약속을 이행하지 않을 때 나무라는 말.

*장비는 만나면 싸움

술 잘 먹는 사람·바둑 잘 두는 사람·노름 잘 하는 사람, 이런 사람들은 만나기만 하면 자기들이 좋아하는 술·바둑·노름을 한다는 말.

*재떨이와 부자는 모일수록 더럽다

재물이 많으면 많을수록 마음이 더 인색해짐을 가리키는 말.

*재주는 곰이 넘고 돈은 되놈이 번다

정작 수고하고 고생한 사람은 보수를 받지 못하고, 엉뚱한 사람이 그 이익을 차지한다는 말.

*재주를 다 배우니 눈이 어둡다

여러 해 두고 한 일이 아무 소용 없게 되었다는 뜻.

*쟁기질 못하는 놈이 소 탓한다

할 줄 모르는 자신은 탓하지 않고, 기구만 탓한다는 말.

*저 먹자니 싫고 남 주자니 아깝다

자기는 싫지만 남 주기도 아까우니 난처하다는 뜻. 욕심쟁이를 비유하는 말.

*저 살 구멍만 찾는다
  자신의 이익을 얻기 위해서는 남이야 어떻게 되든지 상관하지 않고 제 욕심만 챙긴다는 말.

*저 잘난 맛에 산다
  사람은 누구나 자기가 남보다 잘났다는 자존심을 가지고 살아간다는 뜻.

*저녁 굶은 시어머니 상
  원래 시어머니란 며느리한테 좋은 낯으로 대하는 일이 드문데, 더욱이 저녁까지 굶었으니 얼마나 그 얼굴빛이 험상궂을 것인가? 대개 얼굴빛을 찡그리고 화순한 빛이 없는 사람을 두고 이르는 말.

*저승길과 변소 길은 대신 못 간다
  죽음은 남이 대신해 줄 수 없다는 말.

*적게 먹고 가는 똥 눈다
  커다란 욕심을 부리지 않고 분수를 지키며 살아감.

*적게 먹으면 약주요, 많이 먹으면 망주다
  술은 적당히 알맞게 먹어야 한다는 뜻.

*절 모르고 시주하기

　절도 모르고 시주를 하면 무슨 소용이 있겠는가? 쓸데없는 비용만 들이고 보람은 없다는 뜻.

*절룩 말이 천리 간다

　몸이 허약한 사람이라도 꾸준하게 열심히 노력해 나가면 무슨 일이라도 할 수 있다는 말.

*절에 가 젓국 찾는다

　중은 비린 것을 먹지 않으니, 젓국이 있을 리가 있겠는가? 있을 수 없는 데 가서 없는 물건을 구한다는 뜻.

*절에 가면 중 노릇 하고 싶다

　줏대가 없이 덮어놓고 남을 따르려는 사람을 두고 이르는 말.

*절에 간 색시라

　절로 도망간 색시라는 말로서, 남이 하라는 대로만 따르는 사람을 두고 하는 말.

*절이 망하려니까 새우젓 장수가 들어온다

　비린 것을 안 먹는 절에 새우젓 장수가 올 리가 있나? 운

수가 나빠 망하려면 뜻밖의 일이 우연히 생긴다는 뜻.

*젊어 고생은 사서도 한다
 젊었을 때의 고생은 먼 훗날에 잘 살기 위한 밑거름이 된다는 뜻.

*점잖은 개 부뚜막에 먼저 올라간다
 점잖게 보이던 사람이 뜻밖에 행동이 나쁠 때 쓰는 말.

*접시 밥도 담을 탓
 그릇이 아무리 작아도 담는 사람의 수단에 따라, 많이 담을 수도 있고 적게 담을 수도 있다는 뜻.

*정성이 지극하면 돌 위에 풀이 난다
 정성이 극진하면 될 듯싶지 않은 일도 되는 수가 있다는 뜻.

*정승 날 때 강아지 난다
 태어나는 것은 똑같다. 즉, 잘난 사람이나 못난 사람이나 크게 다를 것이 없다는 말.

*정직은 일생의 보배
　정직한 일을 하는 사람은 언제나 실패가 없다는 뜻.

*정직한 사람의 자식은 굶어죽지 않는다
　정직한 사람은 어느때든 복을 받는다는 뜻.

*젖 떨어진 강아지 같다
　몹시 보채는 것을 두고 이르는 말.

*젖 먹던 힘이 다 든다
　일이 몹시 힘이 든다는 말.

*제 꾀에 제가 넘어간다
　남을 속이려고 꾀를 부리다가, 도리어 제가 그 꾀에 속게 되었을 때 쓰는 말.

*제 논에 물 대기
　제게만 이롭게 하려고 꾀하는 사람을 두고 이르는 말. 아전인수(我田引水).

*제 눈에 안경
  남은 우습게 보는 것도 제 마음에 들면 좋게 여겨진다는 뜻.

*제 버릇 개 줄까
  사람의 나쁜 버릇은 고치기 어렵다는 뜻.

*제 부모 위하려면 남의 부모를 위해야 한다
  자기 부모를 잘 섬기려면 부모가 남의 공대를 받을 수 있도록 자기도 남의 부모를 잘 섬겨야 한다는 뜻.

*제 얼굴에 침 뱉기
  자기가 한 일이 도리어 자신에게 해가 된다는 뜻.

*제 얼굴엔 분바르고, 남의 얼굴엔 똥 바른다
  좋은 일에는 자기의 낯 세우고, 나쁜 일에는 남의 탓으로 말한다는 뜻.

*제 칼도 남의 칼집에 들면 찾기 어렵다
  자기의 물건이라도 한번 남의 손에 들어가면 자기 마음대로 하기 어렵다는 뜻.

속담 풀이

*제 흉 열 가진 놈이 남의 흉 한 가지를 본다
 자기 결점이 더 많은 사람이 남의 조그만 잘못을 들어 말한다는 뜻.

*제가 기르던 개에게 발꿈치 물린다
 자기가 은혜를 베풀어 준 사람에게 도리어 해를 입게 되었을 때 쓰는 말.

*제가 눈 똥에 주저앉는다
 자기가 남을 해하려고 한 일에 도리어 자기가 해를 보게 되었을 때 쓰는 말.

*족제비도 꼬리 보고 잡는다
 족제비는 꼬리가 가장 긴요하다는 뜻이니, 무엇이고 가장 긴요한 것을 보고 일을 한다는 뜻.

*족제비도 낯짝이 있다
 아무 염치나 체면도 없는 사람을 나무라는 말.

*좁쌀 싸레기만 먹었나?
 아무에게나 함부로 반말을 하는 버릇없는 사람을 두고 하는 말.

*좁쌀 영감이다
 꼬장꼬장하게 잔소리를 심히 하고 간섭을 많이 하는 사람을 이르는 말.

*종로에서 뺨 맞고 한강 가서 눈 흘긴다
 화풀이를 딴 데다 한다는 뜻.

*종이 한 장 차이다
 종이 한 장 정도밖에 안 되는 근소한 차이라는 뜻.

*좋은 노래도 자주 들으면 싫다
 아무리 좋은 것이라도 늘 하면 싫증이 난다는 뜻.

*좋은 말도 세 번만 하면 듣기 싫다
 아무리 좋은 것도 늘 보고 접하게 되면 지루해지고 싫증이 난다는 말.

*죄는 지은 데로 가고, 덕은 닦은 데로 간다
 죄 지은 사람이 벌을 받고, 덕을 쌓은 사람이 복을 받는다는 말.

*죄는 지은 데로 가고, 물은 골로 흐른다
  나쁜 일을 한 사람이 벌을 받는 것은 당연하다는 뜻.

*주린 개 뒷간 넘겨다보듯 한다
  누구나 배가 몹시 고플 때는 무엇이고 먹을 것을 찾기 위해 여기저기를 기웃거린다는 말.

*주마 간산(走馬看山)
  말을 타고 달리면서 산을 본다는 뜻으로, 겉만 볼 뿐 속은 모른다는 뜻.

*주머니 돈이 쌈지 돈이다
  내 것 네 것 가릴 것 없이 같은 한 식구의 것이라는 뜻.

*주머니에 들어간 송곳이라
  주머니 속에 들어 있는 송곳은 가만히 들어 있지 않고, 결국 주머니를 뚫고 나오는 것같이, 쓰일 만한 인재(人材)는 저절로 드러나게 마련이라는 뜻. 낭중지추(囊中之錐)

*주먹 구구에 박 터진다
  무슨 일을 어림 짐작으로 그저 대충 하다가는 크게 낭패를 당하게 된다는 뜻.

*주먹은 가깝고 법은 멀다
 흥분될 때는 법에 걸리고 안 걸리는 것은 나중 문제고 우선 주먹으로 분풀이를 한다는 뜻.

*죽 쑤어 개 좋은 일 한다
 모처럼 애써 한 일이, 결국 남의 좋은 일이 되었을 때 쓰는 말.

*죽도 밥도 안 되었다
 이것도 저것도 다 안 되었다는 뜻.

*죽은 나무에 꽃이 핀다
 보잘것 없던 집안에 영화가 있을 때 쓰는 말.

*죽은 뒤에 약 방문
 이미 때가 지나 아무 소용이 없게 되었다는 말.

*죽은 자식 나이 세기
 죽은 자식의 나이를 세어 본들 무슨 소용이 있겠는가? 아무 효과 없는 일을 한다는 뜻.

*죽이 끓는지 밥이 끓는지 모른다
 무엇이 어떻게 되어 가는지 도무지 모른다는 뜻.

*줄 따르는 거미
 서로 헤어지지 못하는 관계를 맺고 같이 따라 다니는 사람을 두고 이르는 말.

*중구난방(衆口難防)
 뭇사람의 여러 가지 의견을 하나하나 받아 넘기기 어려움을 이르는 말.

*중의 양식이 절의 양식
 가족끼리의 재산은 누구의 것이나 다 마찬가지라는 뜻.
 주머니 돈이 쌈지 돈.

*중이 고기 맛을 알면 절에 빈대가 안 남는다
 중이 고기 맛을 보더니 고기 맛에 반하여 절의 빈대까지 다 잡아먹는다는 말이니, 모르던 일에 갑자기 정도가 지나치도록 반한다는 뜻.

*중이 제 머리 못 깎는다
 자기 일은 자기가 하기 곤란하다고 할 경우에 쓰는 말.

*쥐 소금 나르듯

조금씩 줄어 없어짐을 이르는 말. 쥐 소금 먹듯.

*쥐구멍 찾는다

무엇에 급히 쫓길 때, 또는 매우 부끄럽고 난처하여 급히 몸을 숨기려고 애를 쓴다는 말.

*쥐구멍에도 볕들 날 있다

아무리 구차한 사람이라도 운수가 펴질 때가 있다는 뜻. 개똥밭에도 이슬 내릴 날이 있다.

*쥐꼬리만하다

아주 작고 나쁜 것을 가리키는 말.

*쥐도 도망갈 구멍이 있어야 산다

무슨 일이나 만일을 대비해서 생각하고 일을 해야 나중에 안전하다는 뜻.

*쥐뿔도 모른다

아무것도 모르면서 아는 체한다는 말.

*쥐었다 폈다 한다

　무슨 일을 자기 마음대로 조종한다는 뜻.

*지네 발에 신 신긴다

　발이 많은 지네 발에 일일이 신을 신기기 어려운 것과 같이, 여러 자식을 모두 돌보기 어려움을 이르는 말.

*지렁이도 밟으면 꿈틀한다

　아무 감각도 없어 보이는 지렁이도 사람에게 밟히면 꿈틀한다는 말로서, 아무리 순한 사람이라도 비위를 거슬리면 노한다는 뜻.

*지레짐작 매꾸러기

　무슨 일이고 깊이 생각하지 않고, 어림잡고 짐작대로만 하면 낭패하기 쉽다는 뜻.

*지성이면 감천이다

　사람이 무슨 일을 하든 정성이 지극하면 다 이룰 수 있다는 말.

*지척이 천 리

　가깝게 살고 있으면서 오랫동안 소식을 모르고 지낼 때,

또는 가까운 곳에서 일어난 일을 전혀 모르고 있었을 때 쓰는 말.

*진날 개 사귄 것 같다
 비 오는 날 진흙을 묻힌 개가 가까이 오면 옷을 더럽힌다는 말이니, 좋지 못한 사람을 가까이 하면 나쁜 영향을 받게 된다는 뜻. 근묵자흑(近墨者黑).

*진인사대천명(盡人事待天命)
 사람으로서 할 수 있는 일을 다한 뒤에 하늘의 뜻을 기다린다는 뜻.

*집도 절도 없다
 가진 집이나 재산이 없어서 여기저기 떠돌아 다닌다는 말.

*집안 귀신이 사람 잡아간다
 살아가다 보면 가까운 사람에게 해를 입는 경우가 많다는 뜻.

*집에 금송아지를 매었으면 무슨 소용인가?
 어떤 귀중한 물건을 가지고 있더라도 당장 필요한 곳에

서 그것을 쓰지 못한다면 아무 소용이 없다는 말.

*집에서 새는 바가지 들에 가도 샌다
　타고난 제 천성이 나쁜 사람은 어디를 가든지 그 성품을 고치기 어렵다는 말.

*짖는 개는 물지 않는다
　겉으로 떠들어대는 사람은 도리어 실속이 없다는 뜻.

*짚신도 제 짝이 있다
　아무리 못생기거나 보잘 것 없는 사람도 제 짝인 배필은 다 있다.

*짚신에 국화 그린다
　격에 어울리지 않는 짓을 한다는 뜻.

*짚신을 뒤집어 신는다
　짚신을 골고루 닳아서 해지게 하느라 뒤집어 신을 만큼 인색한 사람을 가리키는 말.

*짝 잃은 기러기 같다
 몹시 외로운 사람을 뜻하는 말.

*짝사랑에 외기러기
 상대방은 조금도 사랑하는 마음이 없는데, 한쪽에서만 사랑하는 것.

*쪽박 빌려 주니 쌀 꿔 달란다
 편의를 봐 주면 봐 줄수록 더욱더 요구한다는 뜻.

*쪽박 쓰고 벼락 피한다
 아무리 애를 써도 피할 수 없음을 두고 비유한 말.

*찔러도 피 한방울 나오지 않는다
 아주 인색한 구두쇠나 인정이 없는 사람을 말함.

*차면 넘친다

　너무 정도를 지나치면 도리어 불완전하게 된다는 뜻. 또는 한번 흥하거나 성하면 반드시 쇠하거나 망한다는 말.

*찬물도 위 아래가 있다

　무엇이나 순서가 있으니 그 순서대로 해야 한다는 뜻.

*찬밥 두고 잠 아니 온다

　먹고 싶은 것을 두고는 자려고 해도 잠이 오지 않는다는 말로서, 자기가 좋아하는 일은 좀처럼 잊어버리지 않는다는 뜻.

*참새 떼 덤비듯
　어떤 것이 한꺼번에 우르르 덤벼드는 모양을 비유적으로 이르는 말.

*참새 백 마리면 호랑이 눈깔도 빼 간다
　보잘것 없는 존재라도 힘과 지혜를 합치면 못할 일이 없음을 이르는 말.

*참새가 방앗간을 그냥 지나가랴
　자기가 좋아하는 곳은 반드시 들러서 가게 된다는 뜻.

*참새가 작아도 알만 잘 깐다
　몸은 비록 작아도 능히 큰일을 감당함을 비유적으로 이르는 말.

*참새가 죽어도 짹 한다
　참새도 죽을 때는 짹 하는 소리를 낸다는 말로서, 아무리 약한 자라도 너무 괴롭히면 대항(對抗)하게 된다는 뜻.

*참새가 왕거미줄에 걸린 것 같다
　똑똑한 체하던 사람이 뜻하지 않은 수에 걸려들어서 헤어나지 못하게 됨을 비유적으로 이르는 말.

*참새를 볶아 먹었나?

　말이 빠르고 몹시 재잘거리기를 잘함을 비유적으로 이르는 말. 참새 알을 까먹었나?

*참외 버리고 호박 먹는다

　알뜰한 아내를 버리고 둔하고 못생긴 첩을 취함. 또는 좋은 것을 버리고 나쁜 것을 취함을 비유적으로 이르는 말.

*참을 인(忍)자가 셋이면 살인도 면한다

　사람이 흥분된 것을 참을 수만 있다면, 큰 일을 저지를 경우도 피할 수 있다는 말.

*창공에 뜬 백구

　손으로 잡을 수 없는 것을 말하는 것이니, 실속 없고 소용없는 것을 비유적으로 이르는 말이다.

*처녀가 애를 낳아도 할 말이 있다

　잘못이나 실수에도 변명의 말이 꼭 있게 마련이라는 말.

*천 길 물 속은 알아도 한 길 사람의 속은 모른다

　사람 마음은 짐작하여 알기 어렵다는 말.

*천둥 벌거숭이라
 이것저것 분별하지 않고 함부로 행동하는 사람을 두고 이르는 말.

*천 리 길도 한 걸음부터
 아무리 큰 일이라도 그 시작은 작은 일에서부터 비롯된다는 뜻.

*첫술에 배부르랴
 단 한술밥으로 양이 찰 수 없다는 말로서, 무엇이고 처음 시작하면서 바로 훌륭하게 될 수는 없다는 뜻. 한술밥에 배부르랴.

*청기와 장수
 옛날, 청기와 장수는 그 만드는 법을 자기만 알고 있으면서 이익을 독점하고 남에게는 가르쳐 주지 않았다. 내숭스럽고 저만 잘 살려고 욕심을 부리는 사람을 가리키는 말.

*초록은 동색
 서로 같은 무리끼리 한 패가 된다는 뜻.

*초상난 데 춤추기
  인정없고 심술궂은 짓만 하는 사람을 두고 이르는 말.

*추풍 낙엽(秋風落葉)
  가을 바람에 나뭇잎이 떨어져 흩어지듯 형세가 몰락된 것을 이르는 말.

*친구 따라 강남 간다
  자기는 하고 싶지 않으나 친구가 좋아서 하게 되는 경우에 쓰는 말.

*칠팔월 수숫잎
  성질이 약하고 꿋꿋한 마음이 없어, 번복하기를 잘 하는 사람을 가리키는 말.

*침소봉대(針小棒大)
  작은 일을 크게 과장하여 말하는 것.

*칼 물고 뜀뛰기
  일의 되고 안 됨을 가리기 위해 목숨을 내걸고 최후로 결단할 경우에 쓰는 말.

*칼끝의 원수
  칼을 들고 겨루어야 할 원수라는 뜻으로, 목숨을 걸고 싸워야 할 피맺힌 원수라는 말이다.(북한 속담)

*칼날 쥔 놈이 자루 쥔 놈을 당할까?
  무슨 일이든지 주도권을 쥐어야 유리함을 비유적으로 이르는 말.

*칼로 두부모 자르듯 하다

  무슨 일을 하는 데 있어 맺고 끊는 것이 명확한 경우를 비유적으로 이르는 말.(북한 속담)

*칼로 물 베기

  칼로 물을 치면 베어질 것인가? 그와 같이 서로 사이가 좋지 못하였다가 바로 사이좋게 지내게 될 때 쓰는 말.

*칼은 날이 서야 칼이다

  무엇이나 제 기능을 할 수 있게 조건이 갖추어져야 그 존재 가치가 있음을 비유적으로 이르는 말.(북한 속담)

*칼을 물고 토할 노릇이다

  기가 막히도록 분하고 억울하다는 말.

*칼을 뽑고는 그대로 집에 꽂지 않는다

  무슨 일이든 한번 결심하고 나면 끝장을 보고야 마는 성격을 비유적으로 이르는 말.

*커도 한 그릇 작아도 한 그릇

  잘 하나 못 하나 그 소용에 있어서는 같다고 할 경우에 쓰는 말.

*코방귀만 뀐다
 들은 체 만 체하고 말 대꾸도 없다는 뜻

*콩 볶아 먹다가 가마솥을 깨뜨린다
 조그만 이익을 보려다가, 큰 손해를 본다는 뜻.

*콩 심은 데 콩 나고 팥 심은 데 팥 난다
 콩 씨를 심으면 콩이 나지 팥이 날 리가 있겠는가? 이치에 당연함을 말함이니 원인이 있으면 반드시 결과가 있다는 뜻.

*콩 팔러 갔다
 죽었다는 뜻.

*콩도 닷 말 팥도 닷 말
 골고루 공평하게 준다는 말. 여기나 저기나 마찬가지라는 말.

*콩으로 메주를 쑨다 해도 곧이듣지 않는다
 메주는 콩으로 만드는 것인데도, 이것도 믿지 않을 정도로 신뢰를 잃었다는 뜻.

*큰 북에서 큰 소리 난다
  도량이 커야 훌륭한 일을 한다는 말.

*키 크고 싱겁지 않은 사람 없다
  사람이 키가 크면 싱겁다는 뜻.

*타고난 복은 남 못 준다
 모든 일이 뜻대로 척척 잘되어 가는 경우를 비유적으로 이르는 말.

*타고난 팔자
 날 때부터 지니고 있어서 평생 동안 작용하는 좋거나 나쁜 운수를 이르는 말.

*타는 불에 부채질한다
 화가 나서 펄펄 뛰는 사람의 화를 더 부추긴다는 뜻. 또는 재난을 만난 사람에게 일이 더욱더 못 되도록 방해하는 행동을 비유적으로 이르는 말.

*탕건 쓰고 세수한다

　격식을 어기거나 일의 순서가 뒤바뀌어 모양이 사납게 된 경우를 비유적으로 이르는 말.

*탕약에 감초 빠질까?

　여기저기 아무 데나 끼여들어 빠지는 일이 없는 사람을 조롱하여 이르는 말.

*태를 길렀다

　아이를 사르고 태만 길렀다는 뜻으로, 사람이 둔하고 어리석음을 이르는 말.

*태산을 넘으면 평지를 본다

　험한 산을 넘으면 평탄한 평야가 있다는 말로서, 고생을 한 후에는 즐거움이 온다는 뜻. 고진감래(苦盡甘來).

*털도 안 난 것이 날기부터 하려고 한다

　제 분수에 맞지 않는 일을 하려는 사람을 비유하는 말.

*털도 안 뽑고 먹겠다고 한다

　먹도록 만들어 놓기도 전에 그냥 먹으려고 욕심을 낸다는 말로서, 너무 급히 일을 하려고 덤빈다는 뜻.

*털어서 먼지 안 나는 사람 없다

사람은 누구나 자신의 결점을 찾아보면 모두 조그만 허물은 있다는 뜻.

*토끼 둘을 잡으려다 하나도 못 잡는다

욕심을 부려서 한꺼번에 여러 가지를 하면, 그 중의 하나도 성취하지 못한다는 말. 가는 토끼 잡으려다 잡은 토끼 놓친다.

*토끼가 제 방귀에 놀란다

제가 지은 죄 때문에 스스로 겁을 먹고 떨고 있는 사람을 두고 하는 말. 도둑이 제 발 저린다.

*토끼를 다 잡으면 사냥개를 잡아먹는다

필요한 때는 소중히 여기다가도, 필요 없게 되면 천대하고 없애 버림을 비유하는 말. 토사구팽

*티끌 모아 태산

아무리 작은 것이라도, 자꾸 모이면 큰 것이 된다는 뜻.

*파김치가 되었다
  아주 피곤하여 힘없이 축 늘어진 모양을 말함.

*파리 똥은 똥이 아니냐?
  비록 양이나 질은 다를지라도 본질적으로는 같음을 비유적으로 이르는 말. 파리 똥도 똥이다.

*파리 본 두꺼비
  마음에 드는 물건을 보고 몹시 좋아하면서 가지고 싶어 널름거리는 모양을 비유적으로 이르는 말.

*파리 수보다 기생이 셋 많다

  기생 수가 매우 많음을 이르는 말.

*파리도 여윈 말에 더 붙는다

  힘센 자에게는 아무도 덤벼들지 않지만, 약한 자에게는 누구나 달려들어 갉아먹는다는 뜻.

*파방에 수수엿 장수

  기회를 놓쳐서 이제는 별 볼일 없게 된 사람이나 그런 경우를 비유적으로 이르는 말.

*판돈 일곱 닢에 노름꾼은 아홉

  보잘것 없는 일에 터무니없이 많은 사람이 모이는 경우를 비유적으로 이르는 말.

*팔 고쳐 주니 다리 부러졌다 한다

  체면이 없이 무리하게 계속 요구를 하는 경우를 이르는 말. 또는 사고가 잇따라 일어남을 비유적으로 이르는 말.

*팔도를 무른 메주 밟듯

  전국 방방 곡곡을 두루 돌아다니는 것을 비유적으로 이르는 말.

*팔도에 솥 걸어 놓았다

　어디를 가든지 얻어먹을 데가 많이 있다는 것을 비유적으로 이르는 말.

*팔백 금(八百金)으로 집을 사고, 천 금(千金)으로 이웃을 산다

　집보다는 이웃이 더 중요하다는 뜻. 즉, 이사를 갈 때는 좋은 집보다도 주위의 이웃을 더 신중히 가려서 결정해야 함을 비유적으로 이르는 말.

*팔선녀를 꾸민다

　《구운몽》에 나오는 팔선녀처럼 꾸민다는 뜻으로, 옷차림이 우습거나 요란함을 이르는 말.

*팔십 노인도 세 살 먹은 아이한테 배울 것이 있다

　어린 아이의 말이라도 재치 있고 뛰어나서 귀담아들을 만한 말이 있으므로 무시하지 말라는 뜻.

*팔자 도망은 못한다

　운명은 아무리 피하려고 하여도 피할 수 없다는 말. 팔자는 독에 들어가서도 못 피한다.

*팔이 안으로 굽지 밖으로 굽나
 사람은 누구나 자기 또는 자기와 가까운 사람에게 정이 더 쏠리거나 유리하게 처리하게 된다는 뜻.

*팥으로 메주를 쑨다 해도 곧이 듣는다
 메주는 콩으로 쑨다. 그러나 팥으로 메주를 쑨다고 해도 맞다고 믿으니 너무 남을 믿는다는 뜻, 또는 아주 신임하는 사람을 말함.

*팥이 풀어져도 솥 안에 있다
 손해를 본 것 같지만 따지고 보면 손해를 본 것이 없음을 비유적으로 이르는 말.

*패군의 장수는 용맹을 말하지 않는다
 무슨 일에 실패를 하고 나서 구구히 변명을 할 필요가 없음을 이르는 말.

*패는 곡식 이삭 뽑기
 잘 되어 가는 일을 심술궂은 행동으로 망치게 하는 경우를 비유적으로 이르는 말.

*패랭이에 숟가락 꽂고 산다
  아주 가난하여 떠돌아다니며 얻어먹을 정도임을 비유적으로 이르는 말.

*평양 감사도 저 싫으면 그만이다
  아무리 좋은 일이라도 자기가 싫으면 하지 않는다는 뜻.

*평양 황 고집
  옛날 평양에 살던 황 씨가 고집이 몹시 세었다고 하여, 고집이 센 사람을 두고 빗대는 말.

*평지풍파(平地風波)
  뜻밖에 갑자기 일어난 분쟁.

*푸줏간에 들어가는 소 걸음
  몹시 무서워 벌벌 떠는 모양을 두고 이르는 말.

*풀 끝의 이슬
  인간의 삶이 마치 풀 끝의 이슬처럼 덧없고 허무하다는 뜻. 초로인생(草露人生).

*풀 방구리에 쥐 드나들 듯
　풀을 담은 그릇에 풀을 먹으려고 쥐가 드나든다는 말로서, 어떤 곳을 자주 드나드는 것을 이르는 말.

*피장파장
　상대편의 행동에 따라 그와 동등한 행동으로 맞서는 일을 가리키는 말.

*핑계 없는 무덤 없다
　무엇이고 결과가 있는 것은 반드시 원인이 있듯이, 무슨 일이든지 핑계거리는 있다는 뜻.

*하기 싫은 일은 오뉴월에도 손이 시리다
　의욕이 없는 일에는 열성이 생기지 않는다는 말.

*하나 하면 둘 한다
　남의 의도를 정확히 파악하고 앞질러 처신하거나 처리함을 비유적으로 이르는 말.

*하나는 열을 꾸려도 열은 하나를 못 꾸린다
　한 사람이 잘되면 여러 사람을 돌보아 줄 수 있으나 여러 사람이 힘을 합하여 한 사람을 돌보아 주기는 힘들다는 말. 또는 한 부모는 여러 자식을 거느리고 살아도 여러 자식은 한 부모를 모시기가 어렵다는 말.

*하나를 보면 열을 안다
  일부를 보면 전체를 알 수 있다는 말.

*하나만 알고 둘은 모른다
  도무지 융통성이 없고 미련한 사람을 두고 이르는 말.

*하늘 무서운 말
  사람의 도리에 어긋나는 행동이나 언행으로 천벌을 받을 만한 것을 이르는 말.

*하늘 밑의 벌레
  '사람'을 익살스럽게 이르는 말.

*하늘 보고 주먹질한다
  하늘을 쳐다보고 주먹질을 하면 무슨 소용이 있을까? 아무 소용 없는 일을 한다는 뜻.

*하늘 보고 침 뱉기
  하늘을 향하여 침을 뱉으면 자기 얼굴에 떨어진다는 뜻으로, 자기에게 해가 돌아올 짓을 함을 비유적으로 이르는 말. 하늘에 돌 던지는 격.

*하늘 아래 첫 고개
  아주 높은 고개를 비유적으로 이르는 말.

*하늘 아래 첫 동네
  매우 높은 지대에 있는 동네를 비유적으로 이르는 말.

*하늘 천 따 지 하는 식으로 외운다
  천자문을 외우듯이 사물의 이치를 모르고 무턱대고 기계적으로 외우는 경우를 비유적으로 이르는 말.

*하늘 천 하면 검을 현 한다
  하나를 가르치면 둘, 셋을 앞질러서 깨달음. 또는 상대나 윗사람의 의도를 미리 알아 그에 맞게 일을 처리해 나감을 비유적으로 이르는 말.

*하늘 천 하면 넘을 천 한다
  알지도 못하면서 주제넘게 지레짐작한다는 말.

*하늘로 올라갔나 땅으로 들어갔나
  별안간 아무도 모르게 사라져 버리는 것을 비유적으로 이르는 말.

*하늘로 호랑이 잡기

　하늘의 힘을 빌려 호랑이를 잡는다는 뜻으로, 온갖 권력을 다 가지고 있어 못하는 일이 없다는 것을 비유적으로 이르는 말.

*하늘에 두 해가 없다

　한 나라에 임금이 둘이 있을 수 없다는 말.

*하늘에 방망이를 달겠다

　도저히 실현할 수 없는 일을 하겠다고 하는 것을 비꼬아 하는 말.

*하늘에서 떨어졌나 땅에서 솟았나

　아무런 노력 없이 저절로 생겨나는 경우. 또는 뜻밖에 돌연히 생겨나는 경우를 비유적으로 이르는 말.

*하늘은 스스로 돕는 자를 돕는다

　하늘은 스스로 노력하는 사람을 성공하게 만든다는 뜻으로, 어떤 일을 이루기 위해서는 자신의 노력이 중요함을 교훈적으로 이르는 말.

*하늘을 보아야 별을 따지

　하늘도 못 보고 어떻게 별을 딸 수 있겠는가? 원인 없이 결과를 얻을 수 없다는 뜻.

*하늘을 쓰고 도리질한다

　하늘을 머리에 쓰고 머리를 흔든다는 말이니, 세력이 당당하다는 뜻.

*하늘의 별따기

　높은 하늘의 별을 딴다니, 얼마나 어려운 일인가? 지극히 어려운 일에 비교하는 말.

*하늘이 돈짝만하다

　술에 몹시 취하거나 어떤 충격으로 정신이 얼떨떨하여 사물이 제대로 보이지 않음을 비유적으로 이르는 말.

*하늘이 무너져도 솟아날 구멍이 있다

　아무리 큰 재난을 당했더라도, 그것을 벗어날 방책은 있다는 뜻.

*하던 지랄도 멍석 펴 놓으면 안 한다

　자기가 하던 일도 남이 권하면 도리어 안 한다는 뜻.

*하루 망아지 서울 다녀오듯

태어난 지 얼마 되지 않는 망아지가 서울을 다녀온들 무엇을 알 것인가? 철없는 것이 아무리 좋은 것을 봐도 소용이 없다는 뜻.

*하루 물림이 열흘 간다

한번 일을 뒤로 미루기 시작하면 자꾸 더 미루게 된다는 뜻으로, 어떠한 일이든지 뒤로 미루지 말라고 경계하여 이르는 말.

*하루 세 끼 밥 먹듯

아주 예사로운 일로 생각함을 이르는 말.

*하룻밤을 자도 만리 장성을 쌓는다

짧은 동안의 사귐일지라도 그 인연이 매우 소중함을 이르는 말.

*하루 비둘기 재를 못 넘는다

제 힘과 제주가 부족한 자에게 공연히 자만심을 가지는 것을 경계하기 위해 하는 말. 햇 비둘기 재 넘을까.

*하루 죽을 줄은 모르고 열흘 살 줄만 안다
　언제 죽을지 모르는 덧없는 세상에서 자기만은 오랫동안 살 것처럼 행동하는 사람을 두고 이르는 말.

*하룻강아지 범 무서운 줄 모른다
　어리고 약한 놈이 강한 사람을 두려워하지 않고 철없이 군다는 뜻.

*하룻밤을 자도 헌 각시
　물건은 일단 사용하면 헌 것으로 간주된다. 또는 한 번의 작은 실수라도 있으면 지조를 지킨 사람으로 볼 수 없다는 말.

*하지를 지나면 발을 물꼬에 담그고 잔다
　벼농사를 잘 짓기 위해서는 하지 후에 논에 물을 잘 대는 것이 중요하기 때문에 논에서 살다시피 해야 함을 비유적으로 이르는 말.

*학도 아니고 봉도 아니고
　아무것도 아니라는 뜻으로, 행동이 분명하지 아니하거나 사람이 확실하지 못한 경우에 조롱하며 이르는 말.

*한 가랑이에 두 다리를 넣는다
　너무 급히 서둘러서 정신을 못 차리는 사람을 두고 이르는 말.

*한 귀로 듣고 한 귀로 흘린다
　남의 말을 귀담아듣지 아니한다는 말.

*한 날 한 시에 난 손가락도 길고 짧다
　같은 사람이라도 그 성질과 능력이 똑같지는 않다는 뜻.

*한 노래로 긴 밤 새울까?
　①한 가지 일로만 허송세월 하는 것을 나무라는 말.
　②어떤 일을 그만둘 때가 되면 깨끗이 그만두고 새 일을 시작해야 한다는 말.

*한 다리가 천 리
　친척들 사이에서는 한 촌수 차이라도 매우 큰 차이가 있다는 말.

*한 달이 크면 한 달이 작다
　세상 일이란 한 번 좋으면 한 번은 나쁘다는 말.

*한 되 주고 한 섬 받는다

  조금 주고 그 대가로 몇 곱절이나 많이 받는 경우를 비유적으로 이르는 말.

*한 몸에 두 지게 질까

  한 몸으로 두 가지 일을 한꺼번에 못 한다는 뜻. 한 말 등에 두 길마 질까? 한 어깨에 두 지게 질까?

*한 번 속지 두 번은 안 속는다

  처음에는 모르고 속을 수 있으나 두 번째는 그렇지 아니하다는 말.

*한 번 실수는 병가 상사(兵家常事)

  한 번의 실수쯤은 누구나 다 있을 수 있는 일이니, 크게 탓할 것이 못 된다는 뜻.

*한 사람의 덕을 열이 본다

  한 사람이 잘 되면 그 덕을 여러 명이 입게 된다는 말.

*한 살 더 먹고 똥 싼다

  나이를 더 먹어 가면서 철없는 짓을 하는 경우를 비꼬아 이르는 말.

*한 손으로는 손뼉을 못 친다
 상대가 없이 혼자서는 싸움이 되지 아니한다는 말. 한 손뼉이 울지 못한다.

*한 외양간에 암소가 두 마리
 같은 것끼리만 있어서는 서로 도움이 될 수 없다는 말.

*한 일을 보면 열 일을 안다
 한 가지만 보면 딴 일은 그로써 다 미루어 알 수 있다는 뜻.

*한 입 건너 두 입
 소문이 차차 널리 퍼짐을 이르는 말. 한 입 건너고 두 입 건넌다.

*한 입으로 두 말 하기
 한 가지 일에 대하여 말을 이렇게 하였다 저렇게 하였다 한다는 말.

*한 자 땅 밑이 저승이다
 죽음이나 저승이 먼 데 있는 것이 아니라는 말.

*한 잔 술에 눈물 나고 반 잔 술에 웃음 난다
  사람을 사귐에 있어서 서로 대하는 태도나 방법에 따라 섭섭하여지기도 하고 기분이 좋아지기도 한다는 말.

*한 잔 술에 눈물 난다
  사람의 감정은 사소한 일에 차별을 두는 데서도 섭섭한 생각이 생길 수 있다는 말.

*한 치 걸러 두 치
  촌수나 친분은 멀어질수록 더욱 사이가 벌어진다는 말.

*한 치 앞이 어둠
  사람의 일은 미리 짐작할 수 없다는 말.

*한 판에 찍어 낸 것 같다
  조금도 다른 데가 없이 똑같은 경우에 이르는 말.

*한 푼 돈에 살인 난다
  많지도 아니한 적은 돈의 시비 끝에 큰일이 날 수도 있다는 말.

*한 푼 아끼다 백 냥 잃는다
  작은 것을 아끼다 큰 손해를 보는 경우에 이르는 말.

*한 푼 장사에 두 푼을 밑져도 팔아야 한다
  장사는 아무튼 팔고 보아야 한다는 말.

*한강 가서 목욕한다
  어떤 일을 일부러 먼 곳에 가서 해 보아야 별로 신통할 것이 없다는 말.

*한강에 그물 놓기
  이미 준비는 되었으니 기다리면 언젠가 일이 이루어질 것. 또는 막연한 일을 어느 세월에 기다리고 있겠냐는 두 가지 뜻이 있다.

*한강에 돌던지기
  아무리 해도 헛일을 하는 어리석은 행동을 말한다.

*한강에 배 지나간 자리 있나
  여자가 바람을 피워도 흔적이 남지 아니한다는 말.

*한더위에 털감투

　제철이 지나 쓸데없고, 오히려 거추장스러운 물건. 또는, 격에 맞지 아니한 물건을 비유적으로 이르는 말.

*한번 엎지른 물은 다시 주워 담지 못한다

　한번 해 버린 일은 고쳐 회복할 수 없다는 뜻.

*한번 쥐면 펼 줄 모른다

　무엇이든 한번 손에 들어오면 놓지 아니한다는 말.

*한솥밥 먹고 송사한다

　한집안 또는 아주 가까운 사이에 다투는 경우를 말함.

*한술 밥에 배부르랴

　한 숟가락의 밥으로는 배가 부를 수 있겠는가? 무슨 일이든 초반에 큰 효과를 얻을 수 없다는 말. 또는 노력을 조금 들이고 큰 효과를 기대하기는 어렵다는 뜻.

*한식에 죽으나 청명에 죽으나

　한식과 청명은 하루 사이이므로 하루 먼저 죽으나 뒤에 죽으나 같다는 말.

*한집에 늙은이가 둘이면 서로 죽으라고 민다
  일할 사람이 여러 명이면 서로 미루기 때문에 일이 잘 안 된다는 말.

*한집에 있어도 시어미 성을 모른다
  같이 생활하는 친숙한 사이에서 응당 알고 있어야 할 것을 모르는 경우를 비유적으로 이르는 말.

*한편 말만 듣고 송사 못한다
  한쪽 말만 들어서는 잘잘못을 가리기가 어렵다는 말.

*할아버지 감투를 손자가 쓴 것 같다
  자기 몸에 맞지 않는 큰 것을 작은 사람이 썼다는 뜻으로, 의복 따위가 너무 커서 보기에 우스운 경우를 비유적으로 이르는 말.

*할아버지 떡도 커야 사 먹는다
  아무리 친한 사이에서도 이해타산은 하기 마련이다.

*함흥차사(咸興差使)
  이 태조가 왕위를 물려 주고 함흥에 가 있을 때, 그의 아들 태종(太宗)이 보낸 사신을 잡아 가두기도 하고 죽이기도 하여, 돌려 보내지 않은 옛일에서 나온 말로, 한번 심부름을 간 뒤에 다시 돌아오지 않는 것을 이름.

*항우는 고집으로 망하고 조조는 꾀로 망한다
 고집 세우는 사람과 꾀부리는 사람을 경계하는 말.

*항우(項羽)도 낙상할 때가 있다
 기운이 세고 말을 잘 타는 항우라도 말에서 떨어질 때가 있다는 말로서, 아무리 훌륭한 사람이라도 실패할 때가 있다는 뜻. 원숭이도 나무에서 떨어질 때가 있다.

*해산한 데 개 잡기
 남을 배려하지 아니하며 인정 없고, 몹시 심술궂은 사람을 이르는 말.

*햇비둘기 재 넘을까
 경험이나 실력이 없이는 큰일을 하기 어렵다는 말.

*햇새가 더 무섭다
 젊은 사람들이 살림을 더 무섭게 한다는 말.

*허파에 바람 들었다
  실없이 행동하는 사람을 두고 이르는 말.

*헌 신짝 버리듯 한다
  아주 소용없는 것처럼 내버린다는 뜻.

*헌 짚신도 짝이 있다
  아무리 가난하고 어려운 사람도 다 배필은 있다는 뜻.

*혀 아래 도끼 들었다
  말을 잘못하면 재앙을 받게 되는 것이니 말조심을 해야 한다는 뜻.

*형 보니 아우
  형의 잘잘못을 보면 그 아우의 사람됨도 짐작할 수 있다는 말.

*형만한 아우 없다
  ①무슨 일을 처리하는 데 있어서 역시 아우보다는 형이 낫다는 뜻.
  ②아우가 형을 생각하는 정보다 형이 아우를 생각하는 정이 크다는 뜻.

*호두 속 같다
 속 내용을 조금도 모르겠다는 뜻.

*호랑이 담배 먹을 적
 아주 오랜 옛날이라는 뜻.

*호랑이도 제 말 하면 온다
 남의 이야기를 하고 있는데, 마침 그 사람이 그 자리에 왔을 때 쓰는 말.

*호랑이도 죽을 때는 제 집을 찾는다
 자기가 성장한 집은 누구나 다 애착을 가진다는 뜻.

*호랑이에게 물려 가도 정신만 차리면 산다
 아무리 위급한 경우를 당하더라도, 정신만 잘 차리면 위기를 면할 수 있다는 뜻.

*호미로 막을 것을 가래로 막는다
 일이 크게 벌어지기 전에 미리 처리했더라면 될 것을 그냥 내버려 두었다가 큰 힘이 들게 되었다는 뜻.

*호박 씨 까서 한 입에 넣는다
  조금씩 모았다가 한꺼번에 써 버렸을 경우에 쓰는 말.

*호박에 침 주듯
  호박에 침 주는 것은 얼마나 쉬운 일인가? 매우 쉬운 일을 비유하는 말. 누워서 떡먹기.

*호박이 덩굴째로 굴러 떨어졌다
  뜻밖에 횡재가 생겼다는 말.

*호박이 떨어졌다
  뜻밖에 좋은 수가 생겼을 때 쓰는 말.

*혹 떼러 갔다가 혹 붙여 온다
  도움을 받으러 갔다가 도움은커녕 도리어 해를 당했을 때 쓰는 말.

*혼인날 똥 쌌다
  가장 조심하고 잘 보이려고 할 때, 도리어 실수를 하여 남에게 망신을 당할 때 쓰는 말.

*화약을 지고 불로 들어간다
　자기가 스스로 위험한 곳을 찾아 들어간다는 뜻.

*훗장 떡이 클지 작을지 누가 아랴
　장래의 일은 쉽게 판단하기가 어렵다는 뜻.

*흘러가는 물 퍼 주기
　주는 사람은 그리 힘들지 않고 쉽게 할 수 있는 일이지만 받는 사람은 대단히 소중하게 여긴다는 뜻. 흘러가는 물도 떠 주면 공이라.

*흰 죽 먹다 사발 깬다
　한 가지 일에 재미를 붙이다가 딴 일에 손해를 보는 경우에 쓰는 말.

*흰 죽의 코
　죽과 코는 모두 희므로 분간하기 어렵다. 이와 같이 좋은 일과 나쁜 일은 구별하기 어려움을 두고 이르는 말.